PONS

SPANISCH VON 0 AUF 500

Spielend leicht Spanisch lernen mit nur 5 Wörtern am Tag

Deine Themen – Woche für Woche

DÍA 1

1 Lies das spanische Wort laut vor und schreibe es auf.

el **pelo**
['pe.lo]
das Haar

la **oreja**
[o.'re.cha]
das Ohr

el **ojo**
['o.cho]
das Auge

el **diente**
['djen.te]
der Zahn

la **boca**
['bo.ka]
der Mund

2 Präge dir die 5 Wörter kurz ein.

3 Verdecke die linke Seite, schreibe die Wörter auf und sprich sie laut aus.

das **Haar** ....

das **Ohr** ....

das **Auge** ....

der **Mund** ....

der **Zahn** ....

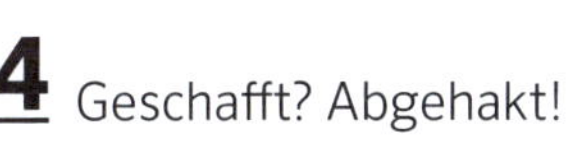

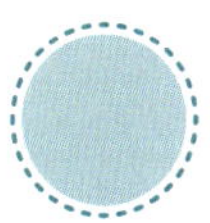

DÍA 2

1 Lies das spanische Wort laut vor und schreibe es auf.

la **biblioteca**
[bi.bljo.'te.ka]
die Bibliothek

el **teatro**
[te.'a.tro]
das Theater

el **museo**
[mu.'se.o]
das Museum

el **cine**
['θi.ne]
das Kino

la **cafetería**
[ka.fe.te.'ri.a]
das Café

2 Präge dir die 5 Wörter kurz ein.

3 Verdecke die linke Seite, schreibe die Wörter auf und sprich sie laut aus.

die **Bibliothek** ....

das **Theater** ....

das **Kino** ....

das **Museum** ....

das **Café** ....

4 Geschafft? Abgehakt!

DÍA 3

1 Lies das spanische Wort laut vor und schreibe es auf.

el **brócoli**
['bro.ko.li]
der Brokkoli

la **pasta**
['pas.ta]
die Nudeln

el **cuchillo**
[ku.'tschi.jo]
das Messer

el **pescado**
[pes.'ka.do]
der Fisch

el **tenedor**
[te.ne.'dor]
die Gabel

2 Präge dir die 5 Wörter kurz ein.

3 Verdecke die linke Seite, schreibe die Wörter auf und sprich sie laut aus.

der **Fisch** ....

der **Brokkoli** ....

die **Nudeln** ....

die **Gabel** ....

das **Messer** ....

4 Geschafft? Abgehakt!

DÍA 4

1 Lies das spanische Wort laut vor und schreibe es auf.

bien
[bjen]
gut

el **error**
[e'rror]
der Fehler

mal
[mal]
schlecht

correcto/a
[ko.'rrek.to]
richtig

incorrecto/a
[in.ko.'rrek.to]
falsch

2 Präge dir die 5 Wörter kurz ein.

3 Verdecke die linke Seite, schreibe die Wörter auf und sprich sie laut aus.

gut ....

der **Fehler** ....

schlecht ....

richtig ....

falsch ....

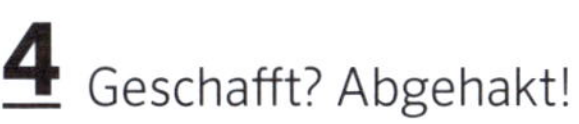

4 Geschafft? Abgehakt!

DÍA **5**

1 Lies das spanische Wort laut vor und schreibe es auf.

la **silla**
['si.ja]
der Stuhl

---

la **repisa**
[rre.'pi.sa]
das Regal

la **cocina**
[ko.'θi.na]
der Herd

---

la **mesa**
['me.sa]
der Tisch

---

el **horno**
['or.no]
der Backofen

2 Präge dir die 5 Wörter kurz ein.

3 Verdecke die linke Seite, schreibe die Wörter auf und sprich sie laut aus.

das **Regal** ....

der **Tisch** ....

der **Stuhl** ....

der **Herd** ....

der **Backofen** ....

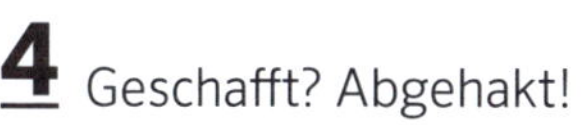

4 Geschafft? Abgehakt!

TESTE DICH! Wie viele Wörter der letzten 5 Tage kannst du noch?

1 Verbinde jedes Bild mit dem richtigen Wort.

el ojo **correcto/a** **el brócoli** **la cocina** **el pelo** **el museo** **el cine** **mal**

la silla **la cafetería** **incorrecto/a** **el teatro** **bien** **la biblioteca** **el error**

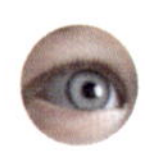

2 Suche im Wortgitter die spanischen Wörter.

der **Backofen**
der **Fisch**
die **Gabel**
das **Messer**
der **Mund**
die **Nudeln**
das **Ohr**
das **Regal**
der **Tisch**
der **Zahn**

C	J	D	I	N	R	G	C
T	P	I	M	O	E	A	U
E	A	E	E	B	P	M	C
N	S	N	S	O	I	H	H
E	T	T	A	C	S	B	I
D	A	E	E	A	A	F	L
O	O	R	E	J	A	D	L
R	E	L	H	O	R	N	O

3 Verdecke die linke Seite und vervollständige dein Glossar.

das **Kino** ______________	die **Bibliothek** ______________
das **Theater** ______________	das **Café** ______________
______________ **mal**	der **Fehler** ______________
______________ el **horno**	______________ la **mesa**
der **Brokkoli** ______________	das **Ohr** ______________
das **Haar** ______________	______________ la **silla**
______________ la **boca**	**gut** ______________
______________ el **cuchillo**	das **Museum** ______________
das **Regal** ______________	______________ el **tenedor**
______________ el **ojo**	**richtig** ______________
der **Fisch** ______________	**falsch** ______________
______________ la **cocina**	______________ el **diente**
die **Nudeln** ______________	

Geschafft? Abgehakt!

DÍA 1

1 Lies das spanische Wort laut vor und schreibe es auf.

reír
[rre.'ir]
lachen

llorar
[jo.'rar]
weinen

triste
['tris.te]
traurig

furioso/a
[fu.'rjo.so/a]
wütend

cansado/a
[kan.'sa.do/a]
müde

2 Präge dir die 5 Wörter kurz ein.

3 Verdecke die linke Seite, schreibe die Wörter auf und sprich sie laut aus.

lachen ....

weinen ....

traurig ....

wütend ....

müde ....

4 Geschafft? Abgehakt!

DÍA 2

1 Lies das spanische Wort laut vor und schreibe es auf.

la **flor**
[flor]
die Blume

la **planta**
['plan.ta]
die Pflanze

el **insecto**
[in.'sek.to]
das Insekt

el **pez**
[peθ]
der Fisch

la **rana**
['rra.na]
der Frosch

2 Präge dir die 5 Wörter kurz ein.

3 Verdecke die linke Seite, schreibe die Wörter auf und sprich sie laut aus.

die **Pflanze** ....

die **Blume** ....

der **Frosch** ....

der **Fisch** ....

das **Insekt** ....

4 Geschafft? Abgehakt!

DÍA 3

1 Lies das spanische Wort laut vor und schreibe es auf.

teclear
[te.kle.'ar]
tippen

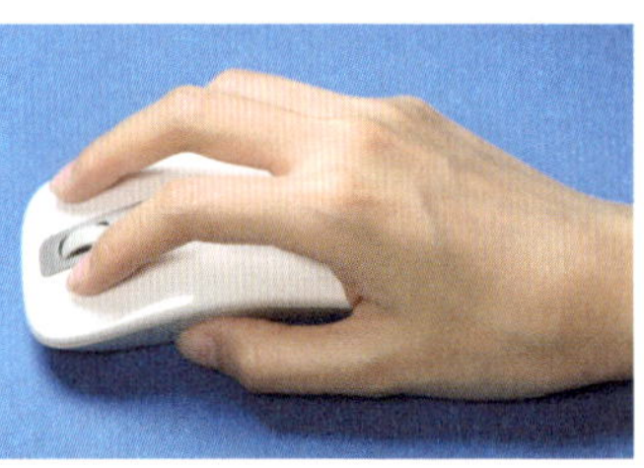

hacer clic
[a.'θer klik]
klicken

el **wifi**
[u'i.fi]
das WLAN

el **mensaje**
[men.'sa.che]
die Nachricht

las **redes sociales**
[rre.'des so.'θja.les]
die sozialen Medien

2 Präge dir die 5 Wörter kurz ein.

3 Verdecke die linke Seite, schreibe die Wörter auf und sprich sie laut aus.

tippen ....

klicken ....

das **WLAN** ....

die **Nachricht** ....

die **sozialen Medien** ....

4 Geschafft? Abgehakt!

DÍA 4

1 Lies das spanische Wort laut vor und schreibe es auf.

el **destino**
[des.'ti.no]
das Reiseziel

retrasado/a
[rre.tra.'sa.do/a]
verspätet

en hora
[en 'o.ra]
pünktlich

la **hora**
['o.ra]
die Uhrzeit

la **puerta de embarque**
[pu'er.ta de em.'bar.ke]
das Gate

2 Präge dir die 5 Wörter kurz ein.

3 Verdecke die linke Seite, schreibe die Wörter auf und sprich sie laut aus.

das **Reiseziel** ....

die **Uhrzeit** ....

das **Gate** ....

verspätet ....

pünktlich ....

4 Geschafft? Abgehakt!

DÍA **5**

1 Lies das spanische Wort laut vor und schreibe es auf.

el **bocadillo**
[bo.ka.'di.jo]
das belegte Brot

el **pastel**
[pas.'tel]
der Kuchen

la **sopa**
['so.pa]
die Suppe

el **guiso**
['gi.so]
der Eintopf

la **ensalada**
[en.sa.'la.da]
der Salat

2 Präge dir die 5 Wörter kurz ein.

3 Verdecke die linke Seite, schreibe die Wörter auf und sprich sie laut aus.

das **belegte Brot** ....

der **Kuchen** ....

die **Suppe** ....

der **Eintopf** ....

der **Salat** ....

4 Geschafft? Abgehakt!

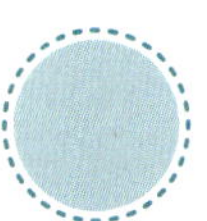

TESTE DICH! Wie viele Wörter der letzten 5 Tage kannst du noch?

1 Verbinde jedes Bild mit dem richtigen Wort.

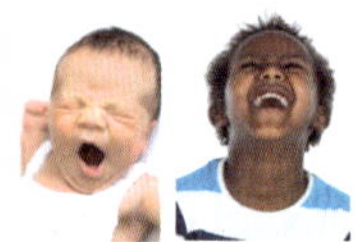

llorar **el wifi** **teclear** **el guiso** **el bocadillo** **triste** **el mensaje** **hacer clic**

la sopa **furioso/a** **las redes sociales** **el pastel** **cansado/a** **la ensalada** **reír**

2 Suche im Wortgitter die spanischen Wörter.

das **Insekt**
pünktlich
das **Reiseziel**
die **Blume**
der **Frosch**
die **Uhrzeit**
der **Fisch**
verspätet
die **Pflanze**

E	I	F	U	B	Z	O	M	E	R
H	N	P	D	I	P	F	H	N	A
O	S	T	L	E	H	G	L	H	L
R	E	T	R	A	S	A	D	O	N
A	C	J	C	I	N	T	L	R	R
E	T	P	E	Z	A	T	I	A	P
P	O	S	R	R	A	N	A	N	Z
D	T	U	R	Í	S	T	I	C	O

3 Verdecke die linke Seite und vervollständige dein Glossar.

der **Frosch** …	das **Insekt** …
… la **puerta de embarque**	die **Uhrzeit** …
der **Salat** …	… el **pastel**
klicken …	… **llorar**
… **reír**	die **Suppe** …
… **furioso/a**	das **Reiseziel** …
die **sozialen Medien** …	der **Fisch** …
… el **bocadillo**	… el **mensaje**
traurig …	… **retrasado/a**
tippen …	**pünktlich** …
… el **guiso**	**müde** …
das **WLAN** …	die **Blume** …
die **Pflanze** …	

Geschafft? Abgehakt!

DÍA 1

1 Lies das spanische Wort laut vor und schreibe es auf.

la **casa**
['ka.sa]
das Haus

---

el **jardín**
[char.'din]
der Garten

el **camino**
[ka.'mi.no]
der Weg

---

la **puerta**
[pu'er.ta]
die Tür

---

el **césped**
['θes.ped]
der Rasen

2 Präge dir die 5 Wörter kurz ein.

3 Verdecke die linke Seite, schreibe die Wörter auf und sprich sie laut aus.

das **Haus** ....

der **Garten** ....

die **Tür** ....

der **Weg** ....

der **Rasen** ....

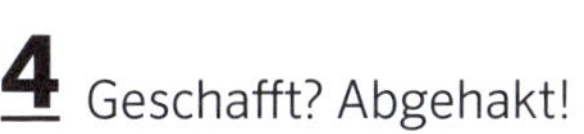

4 Geschafft? Abgehakt!

DÍA **2**

1 Lies das spanische Wort laut vor und schreibe es auf.

nadar
[na.'dar]
schwimmen

el **voleibol**
[bo.läi.'bol]
der Volleyball

el **esquí**
[es.'ki]
das Skifahren

el **baloncesto**
[ba.lon.'θes.to]
der Basketball

el **tenis**
['te.nis]
das Tennis

2 Präge dir die 5 Wörter kurz ein.

3 Verdecke die linke Seite, schreibe die Wörter auf und sprich sie laut aus.

schwimmen ....

der **Volleyball** ....

der **Basketball** ....

das **Tennis** ....

das **Skifahren** ....

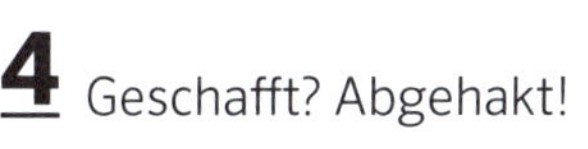

4 Geschafft? Abgehakt!

DÍA 3

1 Lies das spanische Wort laut vor und schreibe es auf.

la **dirección**
[di.rek.'θjon]
die Adresse

---

el **sello**
['se.jo]
die Briefmarke

el **buzón**
[bu.'θon]
der Briefkasten

el **paquete**
[pa.'ke.te]
das Paket

la **carta**
['kar.ta]
der Brief

2 Präge dir die 5 Wörter kurz ein.

3 Verdecke die linke Seite, schreibe die Wörter auf und sprich sie laut aus.

die **Briefmarke** ....

die **Adresse** ....

der **Briefkasten** ....

das **Paket** ....

der **Brief** ....

4 Geschafft? Abgehakt!

DÍA 4

1 Lies das spanische Wort laut vor und schreibe es auf.

el **vestido**
[bes.'ti.do]
das Kleid

la **camiseta**
[ka.mi.'se.ta]
das T-Shirt

el **pantalón corto**
[pan.ta.'lon 'kor.to]
die Shorts

la **sandalia**
[san.'da.lja]
die Sandale

el **zapato**
[θa.'pa.to]
der Schuh

2 Präge dir die 5 Wörter kurz ein.

3 Verdecke die linke Seite, schreibe die Wörter auf und sprich sie laut aus.

der **Schuh** ....

das **T-Shirt** ....

die **Shorts** ....

das **Kleid** ....

die **Sandale** ....

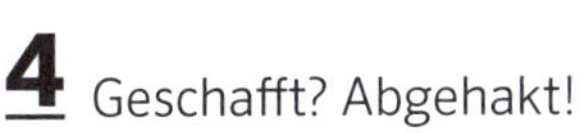

4 Geschafft? Abgehakt!

DÍA 5

1 Lies das spanische Wort laut vor und schreibe es auf.

la **vaca**
['ba.ka]
die Kuh

el **burro**
['bu.rro]
der Esel

el **cerdo**
['θer.do]
das Schwein

la **cabra**
['ka.bra]
die Ziege

la **oveja**
[o.'be.cha]
das Schaf

2 Präge dir die 5 Wörter kurz ein.

3 Verdecke die linke Seite, schreibe die Wörter auf und sprich sie laut aus.

der **Esel** ....

die **Ziege** ....

das **Schwein** ....

das **Schaf** ....

die **Kuh** ....

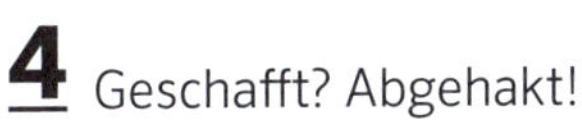

4 Geschafft? Abgehakt!

TESTE DICH! Wie viele Wörter der letzten 5 Tage kannst du noch?

1 Verbinde jedes Bild mit dem richtigen Wort.

el sello **el voleibol** **la cabra** **el césped** **el buzón** **el zapato** **el cerdo** **nadar**

la carta **el tenis** **el paquete** **el baloncesto** **la sandalia** **el esquí** **la dirección**

2 Suche im Wortgitter die spanischen Wörter.

der **Esel**
der **Garten**
das **Haus**
das **Kleid**
die **Kuh**
das **Schaf**
die **Shorts**
das **T-Shirt**
die **Tür**
der **Weg**

C	C	O	V	E	J	A	R	F
P	A	N	T	A	L	Ó	N	C
U	M	M	C	B	C	Z	C	O
E	I	L	I	A	U	A	P	R
R	S	A	S	N	S	R	B	T
T	E	J	E	M	O	A	R	O
A	T	V	E	S	T	I	D	O
J	A	R	D	Í	N	D	I	H

3 Verdecke die linke Seite und vervollständige dein Glossar.

der **Basketball**	das **Skifahren** ....
die **Shorts**	.... la **camiseta**
.... la **vaca**	.... la **cabra**
die **Adresse**	der **Garten** ....
das **Haus**	.... el **cerdo**
.... el **camino**	der **Schuh** ....
der **Brief**	das **Tennis** ....
.... el **burro**	das **Paket** ....
die **Tür**	.... el **vestido**
die **Briefmarke**	die **Sandale** ....
das **Schaf**	.... el **césped**
.... el **buzón**	der **Volleyball** ....
schwimmen	Geschafft? Abgehakt!

DÍA 1

1 Lies das spanische Wort laut vor und schreibe es auf.

el **padre**
['pa.dre]
der Vater

la **hija**
['i.cha]
die Tochter

la **familia**
[fa.'mi.lja]
die Familie

el **hijo**
['i.cho]
der Sohn

la **madre**
['ma.dre]
die Mutter

2 Präge dir die 5 Wörter kurz ein.

3 Verdecke die linke Seite, schreibe die Wörter auf und sprich sie laut aus.

die **Tochter** ....

der **Sohn** ....

die **Mutter** ....

der **Vater** ....

die **Familie** ....

4 Geschafft? Abgehakt!

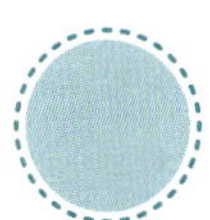

DÍA **2**

1 Lies das spanische Wort laut vor und schreibe es auf.

ir de compras
[ir de 'kom.pras]
einkaufen gehen

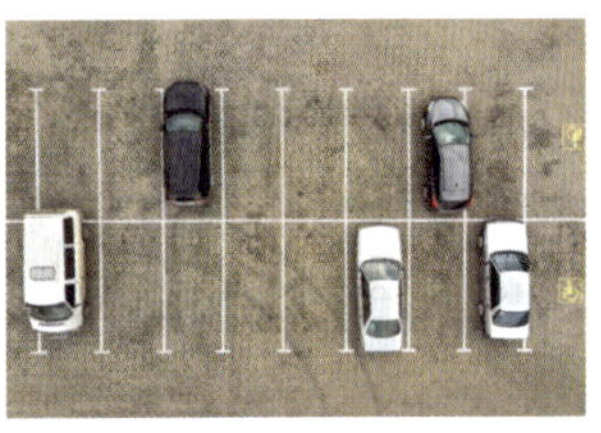

el **aparcamiento**
[a.par.ka.'mjen.to]
der Parkplatz

---

pagar
[pa.'gar]
bezahlen

aparcar
[a.par.'kar]
parken

---

el **supermercado**
[su.per.mer.'ka.do]
der Supermarkt

2 Präge dir die 5 Wörter kurz ein.

3 Verdecke die linke Seite, schreibe die Wörter auf und sprich sie laut aus.

einkaufen gehen ....

bezahlen ....

parken ....

der **Parkplatz** ....

der **Supermarkt** ....

4 Geschafft? Abgehakt!

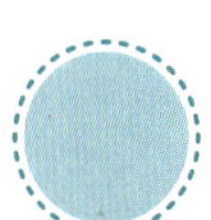

DÍA 3

1 Lies das spanische Wort laut vor und schreibe es auf.

la **leche**
['le.tsche]
die Milch

la **nata**
['na.ta]
die Sahne

el **queso**
['ke.so]
der Käse

el **huevo**
[u'e.bo]
das Ei

el **yogur**
[jo.'gur]
der Joghurt

2 Präge dir die 5 Wörter kurz ein.

3 Verdecke die linke Seite, schreibe die Wörter auf und sprich sie laut aus.

die **Milch** ....

die **Sahne** ....

der **Joghurt** ....

der **Käse** ....

das **Ei** ....

4 Geschafft? Abgehakt!

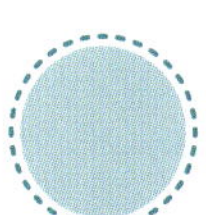

DÍA 4

1 Lies das spanische Wort laut vor und schreibe es auf.

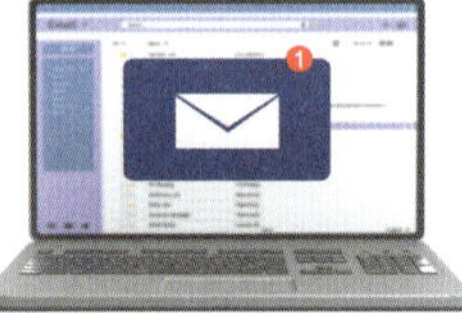

el **email**
[i.'mäil]
die E-Mail

el **teléfono**
[te.'le.fo.no]
das Telefon

la **batería**
[ba.te.'ri.a]
der Akku

llamar a alguien
[ja.'mar a 'al.gjen]
jemanden anrufen

hablar por teléfono
[a.'blar por te.'le.fo.no]
telefonieren

2 Präge dir die 5 Wörter kurz ein.

3 Verdecke die linke Seite, schreibe die Wörter auf und sprich sie laut aus.

die **E-Mail** ....

das **Telefon** ....

der **Akku** ....

jemanden anrufen ....

telefonieren ....

4 Geschafft? Abgehakt!

DÍA 5

1 Lies das spanische Wort laut vor und schreibe es auf.

la **mascota**
[mas.'ko.ta]
das Haustier

el **animal**
[a.ni.'mal]
das Tier

el **ser humano**
[ser u.'ma.no]
der Mensch

el **gato**
['ga.to]
die Katze

el **perro**
['pe.rro]
der Hund

2 Präge dir die 5 Wörter kurz ein.

3 Verdecke die linke Seite, schreibe die Wörter auf und sprich sie laut aus.

das **Haustier** ....

das **Tier** ....

der **Mensch** ....

die **Katze** ....

der **Hund** ....

4 Geschafft? Abgehakt!

TESTE DICH!

Wie viele Wörter der letzten 5 Tage kannst du noch?

1 Verbinde jedes Bild mit dem richtigen Wort.

el email | pagar | llamar a alguien | el perro | la batería | el aparcamiento | el animal | ir de compras

el teléfono | hablar por teléfono | el gato | aparcar | el ser humano | el supermercado | la mascota

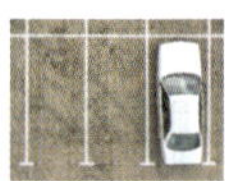      

2 Suche im Wortgitter die spanischen Wörter.

das **Ei**
die **Familie**
der **Joghurt**
der **Käse**
die **Milch**
die **Mutter**
die **Sahne**
der **Sohn**
die **Tochter**
der **Vater**

Q	P	H	P	H	C	I	T
F	A	M	I	L	I	A	Z
S	D	A	R	J	N	J	Y
A	R	D	C	F	A	U	O
E	E	R	J	B	T	L	G
Q	U	E	S	O	A	H	U
N	H	U	E	V	O	M	R
E	I	D	L	E	C	H	E

3 Verdecke die linke Seite und vervollständige dein Glossar.

parken ______________	der **Supermarkt** ______________
der **Akku** ______________	das **Telefon** ______________
______________ el **perro**	das **Tier** ______________
die **Sahne** ______________	______________ el **hijo**
______________ la **hija**	der **Mensch** ______________
der **Vater** ______________	die **E-Mail** ______________
das **Ei** ______________	______________ el **aparcamiento**
______________ la **mascota**	der **Käse** ______________
die **Mutter** ______________	______________ **llamar a alguien**
______________ la **leche**	**telefonieren** ______________
die **Katze** ______________	die **Familie** ______________
der **Joghurt** ______________	______________ **pagar**
______________ **ir de compras**	

Geschafft? Abgehakt!

DÍA 1

1 Lies das spanische Wort laut vor und schreibe es auf.

la **piscina**
[pis.'θi.na]
der Pool

la **playa**
['pla.ja]
der Strand

las **vacaciones**
[ba.ka.'θjo.nes]
der Urlaub

la **arena**
[a.'re.na]
der Sand

el **mar**
[mar]
das Meer

2 Präge dir die 5 Wörter kurz ein.

3 Verdecke die linke Seite, schreibe die Wörter auf und sprich sie laut aus.

der **Urlaub** ....

der **Pool** ....

der **Strand** ....

das **Meer** ....

der **Sand** ....

4 Geschafft? Abgehakt!

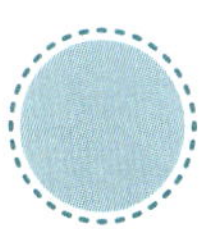

DÍA 2

1 Lies das spanische Wort laut vor und schreibe es auf.

Correos
[ko.'rre.os]
die Post

----

el hospital
[os.pi.'tal]
das Krankenhaus

la **farmacia**
[far.'ma.θja]
die Apotheke

----

la **policía**
[po.li.'θi.a]
die Polizei

los **bomberos**
[bom.'be.ros]
die Feuerwehr

2 Präge dir die 5 Wörter kurz ein.

3 Verdecke die linke Seite, schreibe die Wörter auf und sprich sie laut aus.

die **Post** ....

das **Krankenhaus** ....

die **Apotheke** ....

die **Polizei** ....

die **Feuerwehr** ....

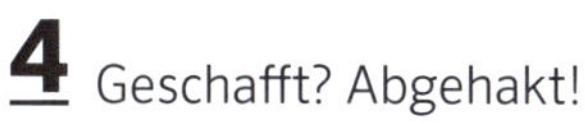

4 Geschafft? Abgehakt!

DÍA 3

1 Lies das spanische Wort laut vor und schreibe es auf.

sonreír
[son.rre.'ir]
lächeln

---

los **padres**
['pa.dres]
die Eltern

el **bebé**
[be.'be]
das Baby

---

el **hombre**
['om.bre]
der Mann

---

la **mujer**
[mu.'cher]
die Frau

2 Präge dir die 5 Wörter kurz ein.

3 Verdecke die linke Seite, schreibe die Wörter auf und sprich sie laut aus.

die **Eltern** ....

das **Baby** ....

der **Mann** ....

die **Frau** ....

lächeln ....

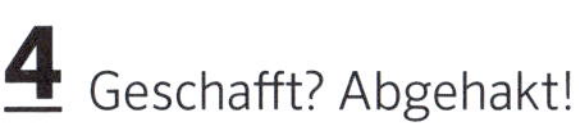

4 Geschafft? Abgehakt!

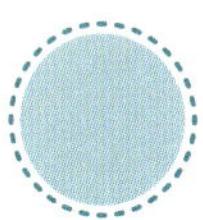

DÍA 4

1 Lies das spanische Wort laut vor und schreibe es auf.

el **coche**
['ko.tsche]
das Auto

el **casco**
['kas.ko]
der Helm

el **autobús**
[au.to.'bus]
der Bus

la **bicicleta**
[bi.θi.'kle.ta]
das Fahrrad

frenar
[fre.'nar]
bremsen

2 Präge dir die 5 Wörter kurz ein.

3 Verdecke die linke Seite, schreibe die Wörter auf und sprich sie laut aus.

das **Auto** ....

der **Bus** ....

das **Fahrrad** ....

der **Helm** ....

bremsen ....

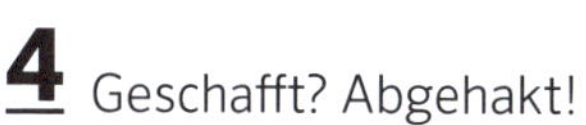

4 Geschafft? Abgehakt!

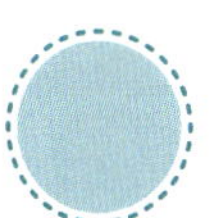

DÍA 5

1 Lies das spanische Wort laut vor und schreibe es auf.

el **tomate**
[to.'ma.te]
die Tomate

el **pollo**
['po.jo]
das Hähnchen

el **pepino**
[pe.'pi.no]
die Gurke

el **pimiento**
[pi.'mjen.to]
der/die Paprika

el **champiñón**
[tscham.pi.'njon]
der Champignon

2 Präge dir die 5 Wörter kurz ein.

3 Verdecke die linke Seite, schreibe die Wörter auf und sprich sie laut aus.

das **Hähnchen** ....

der **Champignon** ....

der/die **Paprika** ....

die **Tomate** ....

die **Gurke** ....

4 Geschafft? Abgehakt!

TESTE DICH! Wie viele Wörter der letzten 5 Tage kannst du noch?

1 Verbinde jedes Bild mit dem richtigen Wort.

la piscina **Correos** **frenar** **la farmacia** **el bebé** **la policía** **la playa** **los bomberos**

el hombre **el casco** **el pimiento** **el hospital** **el tomate** **la mujer** **el pepino**

2 Suche im Wortgitter die spanischen Wörter.

das **Auto**
der **Bus**
der **Champignon**
die **Eltern**
das **Fahrrad**
das **Hähnchen**
lächeln
das **Meer**
der **Sand**
der **Urlaub**

C	H	A	M	P	I	Ñ	Ó	N	A	C
M	S	C	O	C	H	E	Z	H	U	P
L	A	B	I	C	I	C	L	E	T	A
U	R	R	F	R	I	R	G	I	O	D
B	E	T	P	O	L	L	O	N	B	R
U	N	S	J	E	M	A	H	D	Ú	E
V	A	C	A	C	I	O	N	E	S	S
E	S	O	N	R	E	Í	R	O	Z	O

3 Verdecke die linke Seite und vervollständige dein Glossar.

der **Urlaub**			los **bomberos**
die **Apotheke**		der **Bus**	
das **Fahrrad**		der **Champignon**	
	el **pepino**	der **Pool**	
das **Baby**			el **pimiento**
das **Meer**		das **Auto**	
	sonreír	die **Polizei**	
das **Hähnchen**			la **mujer**
der **Strand**			el **casco**
	los **padres**	**bremsen**	
die **Tomate**			la **arena**
	el **hombre**	das **Krankenhaus**	
die **Post**			

Geschafft? Abgehakt!

DÍA 1

1 Lies das spanische Wort laut vor und schreibe es auf.

lavar la ropa
[la.'bar la 'rro.pa]
die Wäsche waschen

mojado/a
[mo.'cha.do/a]
nass

seco/a
['se.ko/a]
trocken

sucio/a
['su.θjo/a]
schmutzig

limpio/a
['lim.pjo/a]
sauber

2 Präge dir die 5 Wörter kurz ein.

3 Verdecke die linke Seite, schreibe die Wörter auf und sprich sie laut aus.

die Wäsche waschen ....

nass ....

trocken ....

schmutzig ....

sauber ....

4 Geschafft? Abgehakt!

DÍA 2

1 Lies das spanische Wort laut vor und schreibe es auf.

hoy
[oi]
heute

mañana
[ma.'nja.na]
morgen

ayer
[a.'jer]
gestern

el **día**
['di.a]
der Tag

la **semana**
[se.'ma.na]
die Woche

2 Präge dir die 5 Wörter kurz ein.

3 Verdecke die linke Seite, schreibe die Wörter auf und sprich sie laut aus.

heute ....

morgen ....

gestern ....

die **Woche** ....

der **Tag** ....

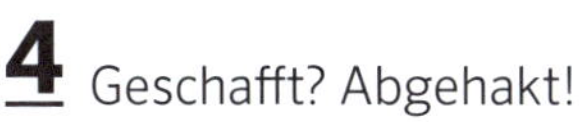

4 Geschafft? Abgehakt!

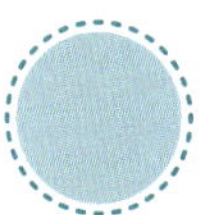

DÍA **3**

1 Lies das spanische Wort laut vor und schreibe es auf.

el **dolor de garganta**
[do.'lor de gar.'gan.ta]
die Halsschmerzen

toser
[to.'ser]
husten

el **resfriado**
[rres.'frja.do]
die Erkältung

estornudar
[es.tor.nu.'dar]
niesen

la **fiebre**
['fje.bre]
das Fieber

2 Präge dir die 5 Wörter kurz ein.

3 Verdecke die linke Seite, schreibe die Wörter auf und sprich sie laut aus.

die **Halsschmerzen** ....

husten ....

die **Erkältung** ....

niesen ....

das **Fieber** ....

4 Geschafft? Abgehakt!

DÍA 4

1 Lies das spanische Wort laut vor und schreibe es auf.

el **café**
[ka.'fe]
der Kaffee

el **té**
[te]
der Tee

el **chocolate**
[tscho.ko.'la.te]
die Schokolade

la **galleta**
[ga.'je.ta]
der Keks

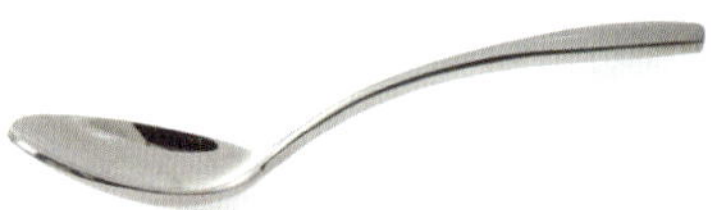

la **cuchara**
[ku.'tscha.ra]
der Löffel

2 Präge dir die 5 Wörter kurz ein.

3 Verdecke die linke Seite, schreibe die Wörter auf und sprich sie laut aus.

der **Kaffee** ....

der **Tee** ....

die **Schokolade** ....

der **Keks** ....

der **Löffel** ....

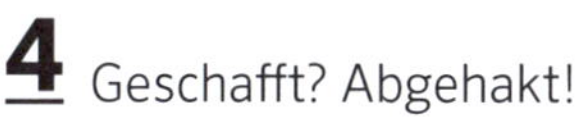

4 Geschafft? Abgehakt!

DÍA 5

1 Lies das spanische Wort laut vor und schreibe es auf.

la **chaqueta**
[tscha.'ke.ta]
die Jacke

la **bufanda**
[bu.'fan.da]
der Schal

los **vaqueros**
[ba.'ke.ros]
die Jeans

el **paraguas**
[pa.'ra.guas]
der Regenschirm

la **bota**
['bo.ta]
der Stiefel

2 Präge dir die 5 Wörter kurz ein.

3 Verdecke die linke Seite, schreibe die Wörter auf und sprich sie laut aus.

die **Jacke** ....

die **Jeans** ....

der **Regenschirm** ....

der **Schal** ....

der **Stiefel** ....

4 Geschafft? Abgehakt!

TESTE DICH! Wie viele Wörter der letzten 5 Tage kannst du noch?

1 Verbinde jedes Bild mit dem richtigen Wort.

limpio/a **seco/a** **la cuchara** **el té** **el resfriado** **lavar la ropa** **el café** **la galleta**

mojado/a **toser** **el chocolate** **sucio/a** **la fiebre** **el dolor de garganta** **estornudar**

2 Suche im Wortgitter die spanischen Wörter.

gestern
heute
die **Jacke**
die **Jeans**
morgen
der **Regenschirm**
der **Schal**
der **Stiefel**
der **Tag**
die **Woche**

P	V	C	S	D	O	H	J	R	N
L	A	J	H	E	D	Í	A	M	B
A	Q	R	M	A	M	N	I	B	U
P	U	L	A	U	Q	A	G	O	F
G	E	Z	Ñ	G	C	U	N	T	A
H	R	S	A	E	U	E	E	A	N
I	O	B	N	M	J	A	R	T	D
C	S	Y	A	Y	E	R	S	H	A

3 Verdecke die linke Seite und vervollständige dein Glossar.

gestern	der **Tag** ....
die **Schokolade**	der **Tee** ....
.... la **bota**	.... los **vaqueros**
.... **toser**	**nass** ....
die **Wäsche waschen**	.... el **paraguas**
.... **sucio/a**	der **Kaffee** ....
das **Fieber**	die **Woche** ....
die **Jacke**	**niesen** ....
trocken	.... la **galleta**
.... el **dolor de garganta**	.... la **cuchara**
der **Schal**	**sauber** ....
.... el **resfriado**	**morgen** ....
heute	

Geschafft? Abgehakt!

DÍA 1

1 Lies das spanische Wort laut vor und schreibe es auf.

el **palacio**
[pa.'la.θjo]
das Schloss

el **hotel**
[o.'tel]
das Hotel

el **mercado**
[mer.'ka.do]
der Markt

la **tienda**
['tjen.da]
das Geschäft

la **panadería**
[pa.na.de.'ri.a]
die Bäckerei

2 Präge dir die 5 Wörter kurz ein.

3 Verdecke die linke Seite, schreibe die Wörter auf und sprich sie laut aus.

das **Schloss** ....

das **Hotel** ....

der **Markt** ....

das **Geschäft** ....

die **Bäckerei** ....

4 Geschafft? Abgehakt!

DÍA 2

1 Lies das spanische Wort laut vor und schreibe es auf.

la **nieta**
['nje.ta]
die Enkelin

la **abuela**
[a.bu'e.la]
die Großmutter

el **abuelo**
[a.bu'e.lo]
der Großvater

el **nieto**
['nje.to]
der Enkel

jugar
[chu.'gar]
spielen

2 Präge dir die 5 Wörter kurz ein.

3 Verdecke die linke Seite, schreibe die Wörter auf und sprich sie laut aus.

der **Enkel** ....

die **Enkelin** ....

der **Großvater** ....

die **Großmutter** ....

spielen ....

4 Geschafft? Abgehakt!

DÍA 3

1 Lies das spanische Wort laut vor und schreibe es auf.

comer
[ko.'mer]
essen

dulce
['dul.θe]
süß

salado/a
[sa.'la.do/a]
salzig

probar
[pro.'bar]
schmecken

oler
[o.'ler]
riechen

2 Präge dir die 5 Wörter kurz ein.

3 Verdecke die linke Seite, schreibe die Wörter auf und sprich sie laut aus.

essen ....

süß ....

salzig ....

schmecken ....

riechen ....

4 Geschafft? Abgehakt!

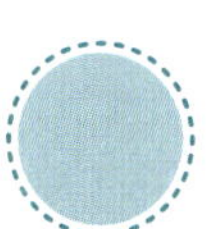

DÍA 4

1 Lies das spanische Wort laut vor und schreibe es auf.

el **avión**
[a.'bjon]
das Flugzeug

el **aeropuerto**
[a.e.ro.pu'er.to]
der Flughafen

esperar
[es.pe.'rar]
warten

el **bolso**
['bol.so]
die Tasche

la **maleta**
[ma.'le.ta]
der Koffer

2 Präge dir die 5 Wörter kurz ein.

3 Verdecke die linke Seite, schreibe die Wörter auf und sprich sie laut aus.

der **Koffer** ....

die **Tasche** ....

warten ....

das **Flugzeug** ....

der **Flughafen** ....

4 Geschafft? Abgehakt!

DÍA 5

1 Lies das spanische Wort laut vor und schreibe es auf.

el **edificio**
[e.di.'fi.θjo]
das Mehrfamilienhaus

el **primer piso**
[pri.'mer 'pi.so]
der erste Stock

el **sótano**
['so.ta.no]
der Keller

la **planta baja**
['plan.ta 'ba.cha]
das Erdgeschoss

la **escalera**
[es.ka.'le.ra]
die Treppe

2 Präge dir die 5 Wörter kurz ein.

3 Verdecke die linke Seite, schreibe die Wörter auf und sprich sie laut aus.

das **Mehrfamilienhaus** ....

der **Keller** ....

das **Erdgeschoss** ....

der **erste Stock** ....

die **Treppe** ....

4 Geschafft? Abgehakt!

TESTE DICH! Wie viele Wörter der letzten 5 Tage kannst du noch?

1 Verbinde jedes Bild mit dem richtigen Wort.

la tienda **salado/a** **la nieta** **oler** **el abuelo** **el mercado** **la abuela** **el palacio**

dulce **la maleta** **el hotel** **el nieto** **probar** **la panadería** **comer**

2 Suche im Wortgitter die spanischen Wörter.

das **Erdgeschoss**
der **erste Stock**
der **Flughafen**
das **Flugzeug**
der **Keller**
das **Mehrfamilienhaus**
spielen
die **Tasche**
die **Treppe**
warten

P	L	A	N	T	A	B	A	J	A	E	E
A	E	R	O	P	U	E	R	T	O	D	S
J	B	T	S	E	S	U	L	J	P	I	C
U	F	O	A	V	I	Ó	N	E	I	F	A
G	Q	U	L	M	D	Z	T	R	E	I	L
A	R	A	E	S	P	E	R	A	R	C	E
R	S	S	N	G	O	C	L	H	N	I	R
B	P	R	I	M	E	R	P	I	S	O	A

3 Verdecke die linke Seite und vervollständige dein Glossar.

das **Schloss**	**spielen** ....
.... el **abuelo**	die **Tasche** ....
warten	.... el **sótano**
die **Treppe**	das **Hotel** ....
süß	.... la **planta baja**
.... la **tienda**	.... la **maleta**
.... **oler**	die **Großmutter** ....
das **Mehrfamilienhaus**	**schmecken** ....
der **Markt**	das **Flugzeug** ....
.... **comer**	der **Flughafen** ....
der **erste Stock**	.... la **panadería**
salzig	die **Enkelin** ....
.... el **nieto**	

Geschafft? Abgehakt!

DÍA 1

1 Lies das spanische Wort laut vor und schreibe es auf.

feo/a
['fe.o/a]
hässlich

bonito/a
[bo.'ni.to/a]
schön

corto/a
['kor.to/a]
kurz

largo/a
['lar.go/a]
lang

peligroso/a
[pe.li.'gro.so/a]
gefährlich

2 Präge dir die 5 Wörter kurz ein.

3 Verdecke die linke Seite, schreibe die Wörter auf und sprich sie laut aus.

hässlich ....

schön ....

kurz ....

gefährlich ....

lang ....

4 Geschafft? Abgehakt!

DÍA **2**

1 Lies das spanische Wort laut vor und schreibe es auf.

la **revista**
[rre.'bis.ta]
die Zeitschrift

el **libro**
['li.bro]
das Buch

la **radio**
['rra.djo]
das Radio

la **tele**
['te.le]
der Fernseher

el **periódico**
[pe.'rjo.di.ko]
die Zeitung

2 Präge dir die 5 Wörter kurz ein.

3 Verdecke die linke Seite, schreibe die Wörter auf und sprich sie laut aus.

die **Zeitschrift** ....

das **Buch** ....

das **Radio** ....

der **Fernseher** ....

die **Zeitung** ....

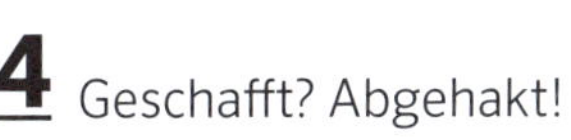

4 Geschafft? Abgehakt!

DÍA 3

1 Lies das spanische Wort laut vor und schreibe es auf.

la **autocaravana**
[au.to.ka.ra.'ba.na]
das Wohnmobil

la **tienda de campaña**
['tjen.da de kam.'pa.nja]
das Zelt

la **montaña**
[mon.'ta.nja]
der Berg

el **camping**
['kam.pin]
der Campingplatz

el **valle**
['ba.je]
das Tal

2 Präge dir die 5 Wörter kurz ein.

3 Verdecke die linke Seite, schreibe die Wörter auf und sprich sie laut aus.

das **Wohnmobil** ....

der **Campingplatz** ....

das **Zelt** ....

das **Tal** ....

der **Berg** ....

4 Geschafft? Abgehakt!

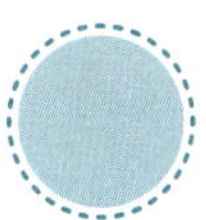

DÍA 4

1 Lies das spanische Wort laut vor und schreibe es auf.

la **mujer**
[mu.'cher]
die Ehefrau

el **marido**
[ma.'ri.do]
der Ehemann

el **niño, la niña**
['ni.njo, 'ni.nja]
das Kind

el **señor ...**
[se.'njor]
Herr ...

la **señora ...**
[se.'njo.ra]
Frau ...

2 Präge dir die 5 Wörter kurz ein.

3 Verdecke die linke Seite, schreibe die Wörter auf und sprich sie laut aus.

der **Ehemann** ....

die **Ehefrau** ....

das **Kind** ....

Herr ... .

Frau ... .

4 Geschafft? Abgehakt!

DÍA 5

1 Lies das spanische Wort laut vor und schreibe es auf.

la **cebolla**
[θe.'bo.ja]
die Zwiebel

la **calabaza**
[ka.la.'ba.θa]
der Kürbis

la **patata**
[pa.'ta.ta]
die Kartoffel

el **ajo**
['a.cho]
der Knoblauch

la **zanahoria**
[θa.na.'o.rja]
die Karotte

2 Präge dir die 5 Wörter kurz ein.

3 Verdecke die linke Seite, schreibe die Wörter auf und sprich sie laut aus.

die **Zwiebel** ....

die **Karotte** ....

die **Kartoffel** ....

der **Kürbis** ....

der **Knoblauch** ....

4 Geschafft? Abgehakt!

TESTE DICH! Wie viele Wörter der letzten 5 Tage kannst du noch?

1 Verbinde jedes Bild mit dem richtigen Wort.

feo/a **la revista** **el ajo** **la tele** **corto/a** **la autocaravana** **largo/a** **la patata**

peligroso/a **la radio** **la mujer** **bonito/a** **la zanahoria** **el periódico** **el libro**

2 Suche im Wortgitter die spanischen Wörter.

der **Berg**
der **Campingplatz**
der **Ehemann**
Frau ...
Herr ...
das **Kind**
der **Kürbis**
das **Tal**
die **Zwiebel**

C	A	M	P	I	N	G	U	M	Z
C	E	B	O	L	L	A	P	A	S
E	H	S	D	N	V	A	H	R	E
V	N	I	Ñ	O	T	Q	U	I	Ñ
U	A	I	B	J	I	A	R	D	O
L	S	L	Ñ	M	S	E	Ñ	O	R
T	C	A	L	A	B	A	Z	A	A
E	C	N	J	E	I	O	G	P	F

3 Verdecke die linke Seite und vervollständige dein Glossar.

das **Radio**	die **Zeitung** ....
.... el **niño,** la **niña**	.... la **mujer**
.... el **ajo**	.... la **zanahoria**
der **Campingplatz**	**schön** ....
.... **feo/a**	die **Kartoffel** ....
gefährlich	der **Ehemann** ....
der **Berg**	der **Fernseher** ....
.... la **cebolla**	.... el **valle**
kurz	**Herr ...** ....
das **Wohnmobil**	.... la **señora ...**
.... la **calabaza**	**lang** ....
das **Zelt**	das **Buch** ....
.... la **revista**	Geschafft? Abgehakt!

DÍA 1

1 Lies das spanische Wort laut vor und schreibe es auf.

leer
[le.'er]
lesen

hacer manualidades
[a.'θer ma.nua.li.'da.des]
basteln

relajarse
[rre.la.'char.se]
sich entspannen

pasear
[pa.se.'ar]
spazieren gehen

ver la tele
[ber la 'te.le]
fernsehen

2 Präge dir die 5 Wörter kurz ein.

3 Verdecke die linke Seite, schreibe die Wörter auf und sprich sie laut aus.

basteln ....

lesen ....

sich **entspannen** ....

spazieren gehen ....

fernsehen ....

4 Geschafft? Abgehakt!

DÍA 2

1 Lies das spanische Wort laut vor und schreibe es auf.

despertarse
[des.per.'tar.se]
aufwachen

ahora
[a.'o.ra]
jetzt

la **hora**
['o.ra]
die Stunde

el **minuto**
[mi.'nu.to]
die Minute

el **segundo**
[se.'gun.do]
die Sekunde

2 Präge dir die 5 Wörter kurz ein.

3 Verdecke die linke Seite, schreibe die Wörter auf und sprich sie laut aus.

aufwachen ....

jetzt ....

die **Stunde** ....

die **Minute** ....

die **Sekunde** ....

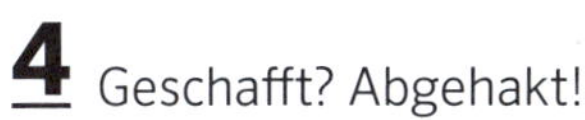

4 Geschafft? Abgehakt!

DÍA 3

1 Lies das spanische Wort laut vor und schreibe es auf.

la **pasta de dientes**
['pas.ta de 'djen.tes]
die Zahnpasta

el **grifo**
['gri.fo]
der Wasserhahn

el **jabón**
[cha.'bon]
die Seife

el **cepillo de dientes**
[θe.'pi.jo de 'djen.tes]
die Zahnbürste

el **lavabo**
[la.'ba.bo]
das Waschbecken

2 Präge dir die 5 Wörter kurz ein.

3 Verdecke die linke Seite, schreibe die Wörter auf und sprich sie laut aus.

die **Zahnpasta** ....

die **Seife** ....

das **Waschbecken** ....

der **Wasserhahn** ....

die **Zahnbürste** ....

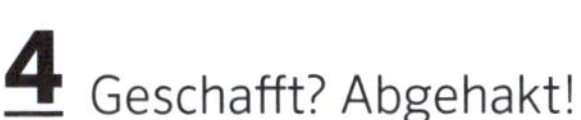

4 Geschafft? Abgehakt!

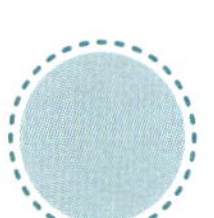

DÍA 4

1 Lies das spanische Wort laut vor und schreibe es auf.

la **gasolinera**
[ga.so.li.'ne.ra]
die Tankstelle

el **diésel**
['dje.sel]
der Diesel

la **gasolina**
[ga.so.'li.na]
das Benzin

la **estación de carga**
[es.ta.'θjon de 'kar.ga]
die Ladesäule

repostar
[rre.pos.'tar]
tanken

2 Präge dir die 5 Wörter kurz ein.

3 Verdecke die linke Seite, schreibe die Wörter auf und sprich sie laut aus.

das **Benzin** ....

der **Diesel** ....

die **Tankstelle** ....

die **Ladesäule** ....

tanken ....

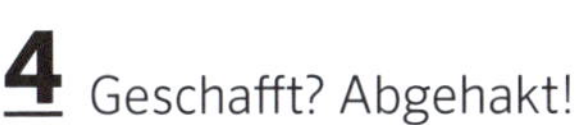

4 Geschafft? Abgehakt!

DÍA 5

1 Lies das spanische Wort laut vor und schreibe es auf.

joven
['cho.ben]
jung

pequeño/a
[pe.'ke.njo/a]
klein

grande
['gran.de]
groß

viejo/a
['bje.cho/a]
alt

feliz
[fe.'liθ]
glücklich

2 Präge dir die 5 Wörter kurz ein.

3 Verdecke die linke Seite, schreibe die Wörter auf und sprich sie laut aus.

jung ....

alt ....

groß ....

klein ....

glücklich ....

4 Geschafft? Abgehakt!

TESTE DICH! Wie viele Wörter der letzten 5 Tage kannst du noch?

1 Verbinde jedes Bild mit dem richtigen Wort.

relajarse **el jabón** **la estación de carga** **hacer manualidades** **ver la tele** **el diésel** **joven** **el grifo**

la gasolinera **leer** **repostar** **la hora** **la gasolina** **pasear** **la pasta de dientes**

2 Suche im Wortgitter die spanischen Wörter.

aufwachen
alt
glücklich
groß
jetzt
klein
die **Minute**
die **Sekunde**
das **Waschbecken**

P	E	N	S	C	I	A	H	O	R	A
D	E	S	P	E	R	T	A	R	S	E
L	J	Q	C	I	G	R	A	N	D	E
A	L	F	U	O	E	U	T	F	U	O
V	D	E	M	E	U	A	N	P	Z	A
A	R	L	Q	U	Ñ	B	S	D	P	E
B	M	I	N	U	T	O	G	J	O	H
O	L	Z	R	H	S	V	I	E	J	O

3 Verdecke die linke Seite und vervollständige dein Glossar.

.... la **hora**	die **Sekunde** ....
die **Tankstelle**	der **Diesel** ....
glücklich	.... **viejo/a**
.... el **jabón**	.... **leer**
.... **hacer manualidades**	**groß** ....
spazieren gehen	das **Benzin** ....
die **Zahnbürste**	die **Minute** ....
.... **joven**	.... el **grifo**
sich **entspannen**	die **Ladesäule** ....
die **Zahnpasta**	.... **repostar**
klein	**fernsehen** ....
das **Waschbecken**	.... **ahora**
.... **despertarse**	Geschafft? Abgehakt!

DÍA 1

1 Lies das spanische Wort laut vor und schreibe es auf.

el **banco**
['ban.ko]
die Bank

el **cajero**
[ka.'che.ro]
der Geldautomat

el **dinero**
[di.'ne.ro]
das Geld

la **tarjeta**
[tar.'che.ta]
die Bankkarte

la **caja**
['ka.cha]
die Kasse

2 Präge dir die 5 Wörter kurz ein.

3 Verdecke die linke Seite, schreibe die Wörter auf und sprich sie laut aus.

die **Bank** ....

der **Geldautomat** ....

das **Geld** ....

die **Bankkarte** ....

die **Kasse** ....

4 Geschafft? Abgehakt!

DÍA 2

1 Lies das spanische Wort laut vor und schreibe es auf.

el **vinagre**
[bi.'na.gre]
der Essig

---

el **aceite**
[a.'θäi.te]
das Öl

---

la **sal**
[sal]
das Salz

---

la **pimienta**
[pi.'mjen.ta]
der Pfeffer

---

las **hierbas aromáticas**
['jer.bas a.ro.'ma.ti.kas]
die Kräuter

2 Präge dir die 5 Wörter kurz ein.

3 Verdecke die linke Seite, schreibe die Wörter auf und sprich sie laut aus.

der **Essig** ....

das **Öl** ....

das **Salz** ....

der **Pfeffer** ....

die **Kräuter** ....

4 Geschafft? Abgehakt!

DÍA **3**

1 Lies das spanische Wort laut vor und schreibe es auf.

¡Hola!
['o.la]
Hallo!

¡Adiós!
[a.'djos]
Tschüss!

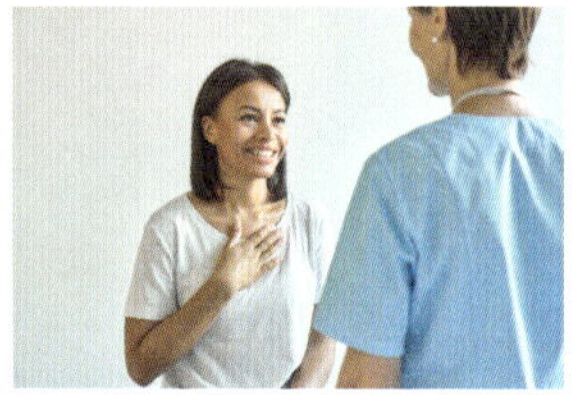

¡Gracias!
['gra.θjas]
Danke!

abrazar
[a.bra.'θar]
sich umarmen

¡Perdón!
[per.'don]
Entschuldigung!

2 Präge dir die 5 Wörter kurz ein.

3 Verdecke die linke Seite, schreibe die Wörter auf und sprich sie laut aus.

Hallo! ....

Tschüss! ....

Danke! ....

sich **umarmen** ....

Entschuldigung! ....

4 Geschafft? Abgehakt!

DÍA 4

1 Lies das spanische Wort laut vor und schreibe es auf.

la **piel**
[pjel]
die Haut

el **dedo gordo**
['de.do 'gor.do]
der Daumen

el **dedo**
['de.do]
der Finger

sangrar
[san.'grar]
bluten

la **sangre**
['san.gre]
das Blut

2 Präge dir die 5 Wörter kurz ein.

3 Verdecke die linke Seite, schreibe die Wörter auf und sprich sie laut aus.

die **Haut** ....

der **Daumen** ....

der **Finger** ....

das **Blut** ....

bluten ....

4 Geschafft? Abgehakt!

DÍA 5

1 Lies das spanische Wort laut vor und schreibe es auf.

conducir
[kon.du.'θir]
fahren

subir
[su.'bir]
einsteigen

bajar
[ba.'char]
aussteigen

hacer trasbordo
[a.'θer tras.'bor.do]
umsteigen

volar
[bo.'lar]
fliegen

2 Präge dir die 5 Wörter kurz ein.

3 Verdecke die linke Seite, schreibe die Wörter auf und sprich sie laut aus.

fahren ....

einsteigen ....

aussteigen ....

umsteigen ....

fliegen ....

4 Geschafft? Abgehakt!

TESTE DICH! Wie viele Wörter der letzten 5 Tage kannst du noch?

1 Verbinde jedes Bild mit dem richtigen Wort.

la tarjeta **¡Adiós!** **subir** **volar** **el banco** **la caja** **¡Perdón!** **hacer trasbordo**

el cajero **¡Hola!** **conducir** **el dinero** **¡Gracias!** **bajar** **abrazar**

2 Suche im Wortgitter die spanischen Wörter.

das **Blut**
bluten
der **Daumen**
der **Essig**
der **Finger**
die **Haut**
die **Kräuter**
das **Öl**
der **Pfeffer**
das **Salz**

P	I	E	L	S	A	N	G	R	A	R
I	N	P	A	H	I	E	R	B	A	S
M	A	R	O	M	Á	T	I	C	A	S
I	A	C	E	I	T	E	B	J	E	A
E	D	F	M	R	S	I	S	E	L	N
N	O	E	V	I	N	A	G	R	E	G
T	G	M	D	C	H	C	L	I	D	R
A	D	E	D	O	G	O	R	D	O	E

3 Verdecke die linke Seite und vervollständige dein Glossar.

das **Salz**	.... las **hierbas aromáticas**
.... el **dedo**	der **Daumen** ....
fliegen	.... **subir**
Tschüss!	.... el **cajero**
die **Bank**	**aussteigen** ....
.... la **tarjeta**	die **Haut** ....
.... **¡Perdón!**	der **Pfeffer** ....
fahren	.... **abrazar**
das **Geld**	das **Blut** ....
Hallo!	.... **sangrar**
.... **hacer trasbordo**	.... la **caja**
Danke!	das **Öl** ....
der **Essig**	

Geschafft? Abgehakt!

DÍA 1

1 Lies das spanische Wort laut vor und schreibe es auf.

sordo/a
['sor.do/a]
gehörlos

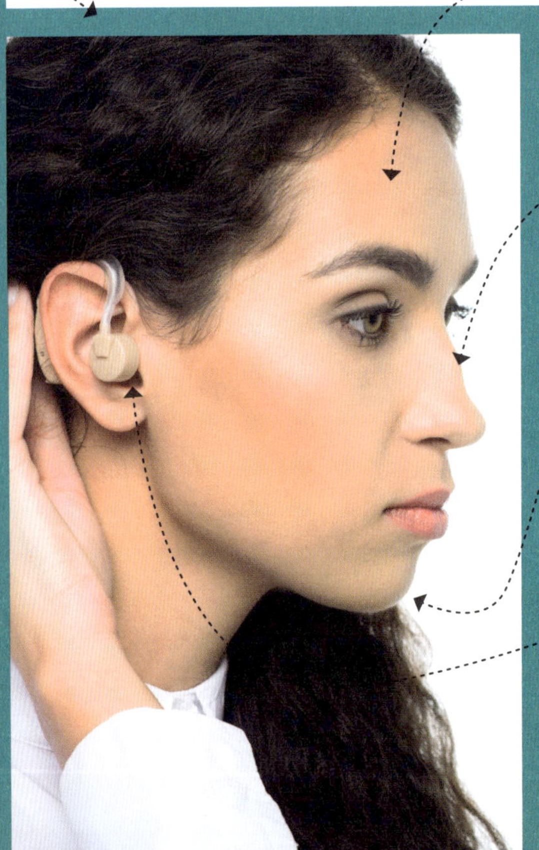

la **frente**
['fren.te]
die Stirn

la **nariz**
[na.'riθ]
die Nase

la **barbilla**
[bar.'bi.ja]
das Kinn

el **audífono**
[au.'di.fo.no]
das Hörgerät

2 Präge dir die 5 Wörter kurz ein.

3 Verdecke die linke Seite, schreibe die Wörter auf und sprich sie laut aus.

die **Stirn** ....

die **Nase** ....

das **Kinn** ....

das **Hörgerät** ....

gehörlos ....

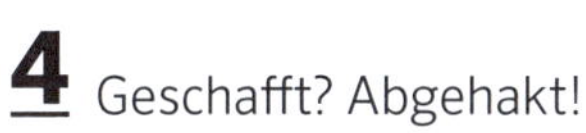

4 Geschafft? Abgehakt!

DÍA 2

1 Lies das spanische Wort laut vor und schreibe es auf.

la **mantequilla**
[man.te.'ki.ja]
die Butter

el **panecillo**
[pa.ne.'θi.jo]
das Brötchen

la **miel**
[mjel]
der Honig

el **pan**
[pan]
das Brot

la **mermelada**
[mer.me.'la.da]
die Marmelade

2 Präge dir die 5 Wörter kurz ein.

3 Verdecke die linke Seite, schreibe die Wörter auf und sprich sie laut aus.

die **Butter** ....

das **Brötchen** ....

der **Honig** ....

das **Brot** ....

die **Marmelade** ....

4 Geschafft? Abgehakt!

DÍA 3

1 Lies das spanische Wort laut vor und schreibe es auf.

el **brazo**
['bra.θo]
der Arm

la **cabeza**
[ka.'be.θa]
der Kopf

el **pecho**
['pe.tscho]
die Brust

la **rodilla**
[rro.'di.ja]
das Knie

el **pie**
[pje]
der Fuß

2 Präge dir die 5 Wörter kurz ein.

3 Verdecke die linke Seite, schreibe die Wörter auf und sprich sie laut aus.

der **Kopf** ....

das **Knie** ....

der **Fuß** ....

die **Brust** ....

der **Arm** ....

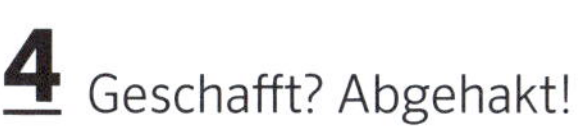

4 Geschafft? Abgehakt!

DÍA 4

1 Lies das spanische Wort laut vor und schreibe es auf.

la **serpiente**
[ser.'pjen.te]
die Schlange

el **oso**
['o.so]
der Bär

el **caballo**
[ka.'ba.jo]
das Pferd

el **pájaro**
['pa.cha.ro]
der Vogel

la **araña**
[a.'ra.nja]
die Spinne

2 Präge dir die 5 Wörter kurz ein.

3 Verdecke die linke Seite, schreibe die Wörter auf und sprich sie laut aus.

die **Schlange** ....

der **Bär** ....

das **Pferd** ....

der **Vogel** ....

die **Spinne** ....

4 Geschafft? Abgehakt!

DÍA 5

1 Lies das spanische Wort laut vor und schreibe es auf.

la **primavera**
[pri.ma.'be.ra]
der Frühling

---

el **verano**
[be.'ra.no]
der Sommer

el **año**
['a.njo]
das Jahr

---

el **otoño**
[o.'to.njo]
der Herbst

---

el **invierno**
[im.'bjer.no]
der Winter

2 Präge dir die 5 Wörter kurz ein.

3 Verdecke die linke Seite, schreibe die Wörter auf und sprich sie laut aus.

der **Frühling** ....

der **Sommer** ....

der **Herbst** ....

der **Winter** ....

das **Jahr** ....

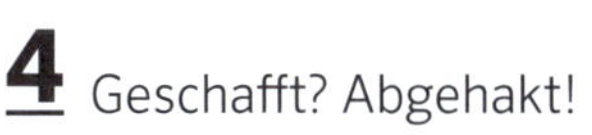

4 Geschafft? Abgehakt!

TESTE DICH! Wie viele Wörter der letzten 5 Tage kannst du noch?

1 Verbinde jedes Bild mit dem richtigen Wort.

la cabeza **la nariz** **el pájaro** **la mantequilla** **el brazo** **la serpiente** **el pie** **la miel**

el pan **la mermelada** **el caballo** **el panecillo** **la araña** **el oso** **el audífono**

2 Suche im Wortgitter die spanischen Wörter.

die **Brust**
der **Frühling**
gehörlos
der **Herbst**
das **Jahr**
das **Kinn**
das **Knie**
der **Sommer**
die **Stirn**
der **Winter**

A	E	D	S	B	O	V	R	F	I
P	R	I	M	A	V	E	R	A	N
E	O	O	F	R	E	R	P	Q	V
C	D	T	R	B	H	A	G	U	I
H	I	O	E	I	B	N	T	Z	E
O	L	Ñ	N	L	N	O	A	H	R
C	L	O	T	L	I	M	U	Ñ	N
L	A	J	E	A	S	O	R	D	O

3 Verdecke die linke Seite und vervollständige dein Glossar.

der **Honig**	die **Marmelade** ....
das **Pferd**	.... el **oso**
das **Jahr**	der **Sommer** ....
.... la **rodilla**	die **Nase** ....
.... la **frente**	.... el **otoño**
das **Hörgerät**	die **Schlange** ....
.... el **brazo**	das **Brot** ....
der **Frühling**	.... el **pecho**
.... la **barbilla**	der **Vogel** ....
der **Kopf**	.... la **araña**
der **Winter**	**gehörlos** ....
der **Fuß**	das **Brötchen** ....
.... la **mantequilla**	

Geschafft? Abgehakt!

DÍA 1

1 Lies das spanische Wort laut vor und schreibe es auf.

el **médico,** la **médica**
['me.di.ko, 'me.di.ka]
der Arzt, die Ärztin

el, la **paciente**
[pa.'θjen.te]
der Patient, die Patientin

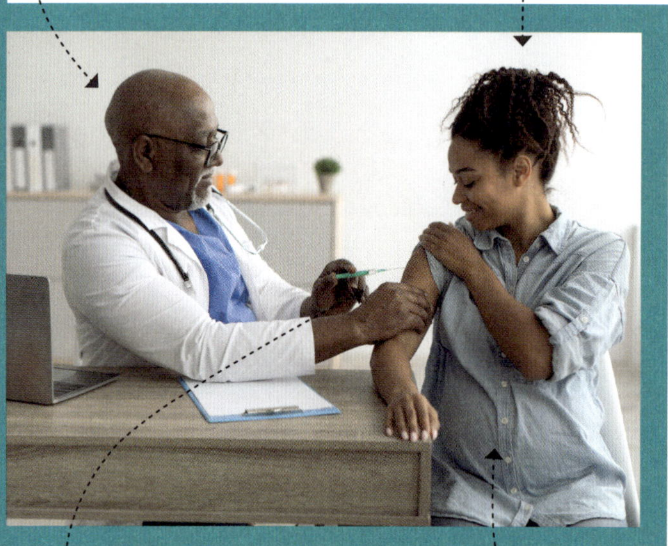

la **cita**
['θi.ta]
der Termin

la **vacuna**
[ba.'ku.na]
die Impfung

embarazada
[em.ba.ra.'θa.da]
schwanger

2 Präge dir die 5 Wörter kurz ein.

3 Verdecke die linke Seite, schreibe die Wörter auf und sprich sie laut aus.

der **Arzt,** die **Ärztin** ....

schwanger ....

die **Impfung** ....

der **Patient,** die **Patientin** ....

der **Termin** ....

4 Geschafft? Abgehakt!

DÍA 2

1 Lies das spanische Wort laut vor und schreibe es auf.

el **cubo de basura**
['ku.bo de ba.'su.ra]
der Mülleimer

planchar
[plan.'tschar]
bügeln

limpiar
[lim.'pjar]
putzen

pasar la aspiradora
[pa.'sar la as.pi.ra.'do.ra]
Staub saugen

el **descanso**
[des.'kan.so]
die Pause

2 Präge dir die 5 Wörter kurz ein.

3 Verdecke die linke Seite, schreibe die Wörter auf und sprich sie laut aus.

der **Mülleimer** ....

bügeln ....

putzen ....

Staub saugen ....

die **Pause** ....

4 Geschafft? Abgehakt!

DÍA **3**

1 Lies das spanische Wort laut vor und schreibe es auf.

el **río**
['rri.o]
der Fluss

el **parque**
['par.ke]
der Park

la **universidad**
[u.ni.ber.si.'dad]
die Universität

la **escuela**
[es.ku'e.la]
die Schule

la **guardería**
[guar.de.'ri.a]
der Kindergarten

2 Präge dir die 5 Wörter kurz ein.

3 Verdecke die linke Seite, schreibe die Wörter auf und sprich sie laut aus.

der **Fluss** ....

der **Park** ....

die **Universität** ....

die **Schule** ....

der **Kindergarten** ....

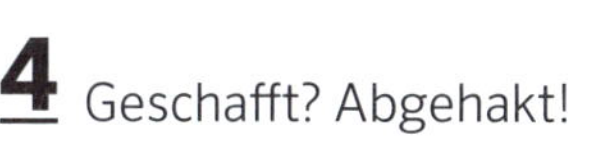

4 Geschafft? Abgehakt!

DÍA 4

1 Lies das spanische Wort laut vor und schreibe es auf.

el **niño**
['ni.njo]
der Junge

la **hermana**
[er.'ma.na]
die Schwester

la **niña**
['ni.nja]
das Mädchen

el **hermano**
[er.'ma.no]
der Bruder

los **hermanos y hermanas**
[er.'ma.nos i er.'ma.nas]
die Geschwister

2 Präge dir die 5 Wörter kurz ein.

3 Verdecke die linke Seite, schreibe die Wörter auf und sprich sie laut aus.

die **Schwester** ....

der **Bruder** ....

der **Junge** ....

das **Mädchen** ....

die **Geschwister** ....

4 Geschafft? Abgehakt!

DÍA **5**

1 Lies das spanische Wort laut vor und schreibe es auf.

el **balón**
[ba.'lon]
der Ball

el **fútbol**
['fut.bol]
der Fußball

correr
[ko.'rrer]
laufen

la **portería**
[por.te.'ri.a]
das Tor

saltar
[sal.'tar]
springen

2 Präge dir die 5 Wörter kurz ein.

3 Verdecke die linke Seite, schreibe die Wörter auf und sprich sie laut aus.

laufen ....

springen ....

der **Ball** ....

der **Fußball** ....

das **Tor** ....

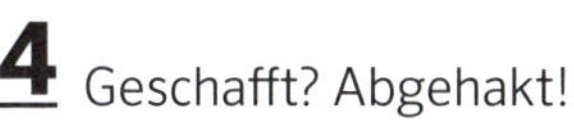

4 Geschafft? Abgehakt!

TESTE DICH! Wie viele Wörter der letzten 5 Tage kannst du noch?

1 Verbinde jedes Bild mit dem richtigen Wort.

el descanso **la hermana** **el médico, la médica** **el río** **el cubo de basura** **la escuela** **el balón** **la vacuna**

pasar la aspiradora **la guardería** **limpiar** **la universidad** **el hermano** **planchar** **el parque**

2 Suche im Wortgitter die spanischen Wörter.

der **Fußball**
die **Geschwister**
der **Junge**
laufen
das **Mädchen**
der **Patient**, die **Patientin**
schwanger
springen
der **Termin**
das **Tor**

H	E	R	M	A	N	O	S	Y	P
E	M	B	A	R	A	Z	A	D	A
R	H	F	C	O	R	R	E	R	C
M	A	Ú	U	I	B	F	P	N	I
A	O	T	G	C	S	N	J	I	E
N	C	B	N	I	Ñ	O	M	Ñ	N
A	P	O	R	T	E	R	Í	A	T
S	A	L	T	A	R	L	R	D	E

3 Verdecke die linke Seite und vervollständige dein Glossar.

der **Arzt,** die **Ärztin**	die **Pause** ....
.... **limpiar**	.... el **hermano**
der **Junge**	**springen** ....
.... la **portería**	.... **embarazada**
der **Park**	der **Ball** ....
der/die **Patient/-in**	die **Schwester** ....
der **Kindergarten**	.... **pasar la aspiradora**
.... **correr**	die **Schule** ....
.... la **vacuna**	.... la **niña**
der **Fluss**	die **Geschwister** ....
der **Fußball**	.... la **cita**
die **Universität**	**bügeln** ....
.... el **cubo de basura**	Geschafft? Abgehakt!

DÍA 1

1 Lies das spanische Wort laut vor und schreibe es auf.

la **pastilla**
[pas.'ti.ja]
die Tablette

el **botiquín**
[bo.ti.'kin]
der Erste-Hilfe-Kasten

la **tirita** *(de Tirita®)*
[ti.'ri.ta]
das Pflaster

la **venda**
['ben.da]
die Bandage

el **medicamento**
[me.di.ka.'men.to]
das Medikament

2 Präge dir die 5 Wörter kurz ein.

3 Verdecke die linke Seite, schreibe die Wörter auf und sprich sie laut aus.

die **Tablette** ....

das **Medikament** ....

der **Erste-Hilfe-Kasten** ....

das **Pflaster** ....

die **Bandage** ....

4 Geschafft? Abgehakt!

DÍA 2

1 Lies das spanische Wort laut vor und schreibe es auf.

barato/a
[ba.'ra.to/a]
billig

caro/a
['ka.ro/a]
teuer

el **restaurante**
[rres.tau.'ran.te]
das Restaurant

prohibido/a
[proi.'bi.do/a]
verboten

fumar
[fu.'mar]
rauchen

2 Präge dir die 5 Wörter kurz ein.

3 Verdecke die linke Seite, schreibe die Wörter auf und sprich sie laut aus.

billig ....

teuer ....

das **Restaurant** ....

verboten ....

rauchen ....

4 Geschafft? Abgehakt!

DÍA 3

1 Lies das spanische Wort laut vor und schreibe es auf.

la **pantalla**
[pan.'ta.ja]
der Bildschirm

---

los **auriculares**
[au.ri.ku.'la.res]
der Kopfhörer

el **móvil**
['mo.bil]
das Handy

---

el **ratón**
[rra.'ton]
die Maus

---

el **teclado**
[te.'kla.do]
die Tastatur

2 Präge dir die 5 Wörter kurz ein.

3 Verdecke die linke Seite, schreibe die Wörter auf und sprich sie laut aus.

der **Bildschirm** ....

der **Kopfhörer** ....

die **Maus** ....

die **Tastatur** ....

das **Handy** ....

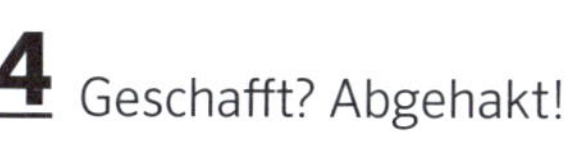

4 Geschafft? Abgehakt!

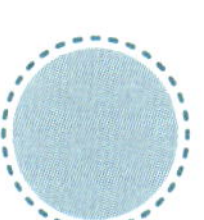

DÍA **4**

1 Lies das spanische Wort laut vor und schreibe es auf.

las **judías**
[chu.'di.as]
die Bohnen

las **lentejas**
[len.'te.chas]
die Linsen

los **frutos secos**
['fru.tos 'se.kos]
die Nüsse

la **harina**
[a.'ri.na]
das Mehl

el **azúcar**
[a.'θu.kar]
der Zucker

2 Präge dir die 5 Wörter kurz ein.

3 Verdecke die linke Seite, schreibe die Wörter auf und sprich sie laut aus.

die **Bohnen** ....

die **Linsen** ....

die **Nüsse** ....

das **Mehl** ....

der **Zucker** ....

4 Geschafft? Abgehakt!

DÍA 5

1 Lies das spanische Wort laut vor und schreibe es auf.

el **tren**
[tren]
der Zug

el **reloj**
[rre.'loch]
die Uhr

el **túnel**
['tu.nel]
der Tunnel

el **andén**
[an.'den]
der Bahnsteig

la **escalera mecánica**
[es.ka.'le.ra me.'ka.ni.ka]
die Rolltreppe

2 Präge dir die 5 Wörter kurz ein.

3 Verdecke die linke Seite, schreibe die Wörter auf und sprich sie laut aus.

die **Uhr** ....

der **Tunnel** ....

der **Zug** ....

der **Bahnsteig** ....

die **Rolltreppe** ....

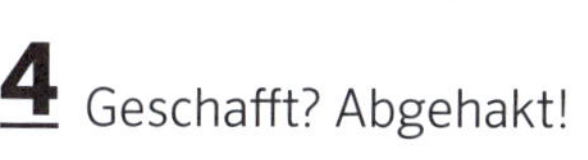

4 Geschafft? Abgehakt!

TESTE DICH! Wie viele Wörter der letzten 5 Tage kannst du noch?

1 Verbinde jedes Bild mit dem richtigen Wort.

  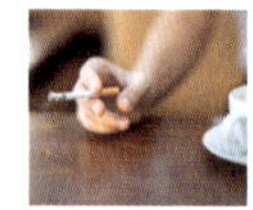     

el restaurante **las lentejas** **caro/a** **la venda** **fumar** **la harina** **la pastilla** **el ratón**

los frutos secos **el reloj** **las judías** **el teclado** **barato/a** **el azúcar** **prohibido/a**

2 Suche im Wortgitter die spanischen Wörter.

der **Bahnsteig**
der **Bildschirm**
der **Erste-Hilfe-Kasten**
das **Handy**
der **Kopfhörer**
das **Medikament**
das **Pflaster**
die **Rolltreppe**
der **Tunnel**
der **Zug**

M	E	D	I	C	A	M	E	N	T	O	P
E	S	C	A	L	E	R	A	G	Q	U	A
C	T	I	R	I	T	A	M	E	P	A	N
Á	E	L	S	F	I	R	B	Ó	R	I	T
N	J	A	N	D	É	N	E	H	V	R	A
I	B	O	T	I	Q	U	Í	N	U	I	L
C	D	N	T	C	M	O	T	Ú	N	E	L
A	U	R	I	C	U	L	A	R	E	S	A

3 Verdecke die linke Seite und vervollständige dein Glossar.

das **Restaurant**	.... **fumar**
.... los **frutos secos**	.... las **lentejas**
die **Rolltreppe**	der **Tunnel** ....
der **Kopfhörer**	das **Medikament** ....
.... la **pastilla**	der **Zug** ....
das **Pflaster**	.... las **judías**
das **Handy**	**verboten** ....
die **Uhr**	die **Tastatur** ....
.... el **botiquín**	.... la **harina**
der **Bildschirm**	der **Zucker** ....
der **Bahnsteig**	.... la **venda**
.... el **ratón**	**teuer** ....
billig	Geschafft? Abgehakt!

DÍA 1

1 Lies das spanische Wort laut vor und schreibe es auf.

recibir
[rre.θi.'bir]
bekommen

el **regalo**
[rre.'ga.lo]
das Geschenk

dar
[dar]
geben

el **amigo,** la **amiga**
[a.'mi.go, a.'mi.ga]
der Freund, die Freundin

la **silla de ruedas**
['si.ja de rru'e.das]
der Rollstuhl

2 Präge dir die 5 Wörter kurz ein.

3 Verdecke die linke Seite, schreibe die Wörter auf und sprich sie laut aus.

bekommen ....

geben ....

der **Freund,** die **Freundin** ....

das **Geschenk** ....

der **Rollstuhl** ....

4 Geschafft? Abgehakt!

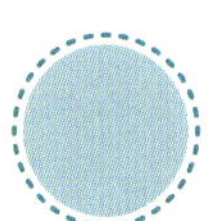

DÍA **2**

1 Lies das spanische Wort laut vor und schreibe es auf.

la **noche**
['no.tsche]
die Nacht

la **mañana**
[ma.'nja.na]
der Morgen

el **mediodía**
[me.djo.'di.a]
der Mittag

la **tarde**
['tar.de]
der Nachmittag

la **tarde-noche**
['tar.de 'no.tsche]
der Abend

2 Präge dir die 5 Wörter kurz ein.

3 Verdecke die linke Seite, schreibe die Wörter auf und sprich sie laut aus.

die **Nacht** ....

der **Morgen** ....

der **Mittag** ....

der **Nachmittag** ....

der **Abend** ....

4 Geschafft? Abgehakt!

DÍA 3

1 Lies das spanische Wort laut vor und schreibe es auf.

la **almohada**
[al.mo.'a.da]
das Kopfkissen

la **cama**
['ka.ma]
das Bett

el **cajón**
[ka.'chon]
die Schublade

el **edredón**
[e.dre.'don]
die Bettdecke

la **cómoda**
['ko.mo.da]
die Kommode

2 Präge dir die 5 Wörter kurz ein.

3 Verdecke die linke Seite, schreibe die Wörter auf und sprich sie laut aus.

die **Schublade** ....

das **Bett** ....

das **Kopfkissen** ....

die **Bettdecke** ....

die **Kommode** ....

4 Geschafft? Abgehakt!

DÍA 4

1 Lies das spanische Wort laut vor und schreibe es auf.

el **codo**
['ko.do]
der Ellbogen

el **hombro**
['om.bro]
die Schulter

la **mano**
['ma.no]
die Hand

la **barriga**
[ba.'rri.ga]
der Bauch

la **pierna**
['pjer.na]
das Bein

2 Präge dir die 5 Wörter kurz ein.

3 Verdecke die linke Seite, schreibe die Wörter auf und sprich sie laut aus.

der **Bauch** ....

das **Bein** ....

die **Schulter** ....

der **Ellbogen** ....

die **Hand** ....

4 Geschafft? Abgehakt!

DÍA 5

1 Lies das spanische Wort laut vor und schreibe es auf.

cerrar
[θe.'rrar]
schließen

abrir
[a.'brir]
öffnen

el **asiento**
[a.'sjen.to]
der Sitz

despegar
[des.pe.'gar]
starten

aterrizar
[a.te.rri.'θar]
landen

2 Präge dir die 5 Wörter kurz ein.

3 Verdecke die linke Seite, schreibe die Wörter auf und sprich sie laut aus.

öffnen ....

schließen ....

der **Sitz** ....

starten ....

landen ....

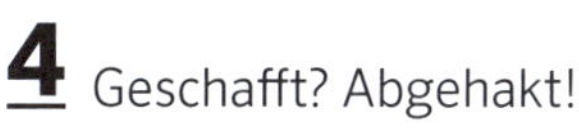

4 Geschafft? Abgehakt!

TESTE DICH! Wie viele Wörter der letzten 5 Tage kannst du noch?

1 Verbinde jedes Bild mit dem richtigen Wort.

la noche **la cómoda** **el asiento** **aterrizar** **la mañana** **la mano** **despegar** **el regalo**

la tarde-noche **cerrar** **el mediodía** **el codo** **la tarde** **abrir** **la almohada**

2 Suche im Wortgitter die spanischen Wörter.

der **Bauch**
das **Bein**
bekommen
das **Bett**
die **Bettdecke**
der **Freund**,
die **Freundin**
geben
der **Rollstuhl**
die **Schublade**
die **Schulter**

P	C	Z	B	P	L	I	F	L	R	D	V	J
S	I	L	L	A	D	E	R	U	E	D	A	S
H	N	E	E	D	R	E	D	Ó	N	U	M	R
C	O	I	R	P	E	R	E	C	I	B	I	R
E	A	M	S	N	B	C	I	H	H	I	G	A
Q	U	J	B	N	A	M	I	G	O	N	A	M
R	D	U	Ó	R	H	S	O	E	A	D	L	G
A	M	O	T	N	O	J	E	C	A	M	A	R

3 Verdecke die linke Seite und vervollständige dein Glossar.

der **Mittag**	der **Abend** ....
.... el **hombro**	das **Bein** ....
landen	.... **cerrar**
das **Bett**	**geben** ....
bekommen	der **Sitz** ....
.... el **regalo**	.... la **barriga**
die **Kommode**	.... la **tarde**
.... **abrir**	die **Bettdecke** ....
der/die **Freund/-in**	.... el **codo**
die **Schublade**	die **Hand** ....
starten	der **Rollstuhl** ....
.... la **almohada**	der **Morgen** ....
die **Nacht**	

Geschafft? Abgehakt!

DÍA 1

1 Lies das spanische Wort laut vor und schreibe es auf.

dormir
[dor.'mir]
schlafen

levantarse
[le.ban.'tar.se]
aufstehen

el **escritorio**
[es.kri.'to.rjo]
der Schreibtisch

trabajar
[tra.ba.'char]
arbeiten

el **fin de semana**
[fin de se.'ma.na]
das Wochenende

2 Präge dir die 5 Wörter kurz ein.

3 Verdecke die linke Seite, schreibe die Wörter auf und sprich sie laut aus.

schlafen ....

aufstehen ....

der **Schreibtisch** ....

arbeiten ....

das **Wochenende** ....

4 Geschafft? Abgehakt!

DÍA 2

1 Lies das spanische Wort laut vor und schreibe es auf.

el **sol**
[sol]
die Sonne

la **luna**
['lu.na]
der Mond

la **estrella**
[es.'tre.ja]
der Stern

temprano
[tem.'pra.no]
früh

tarde
['tar.de]
spät

2 Präge dir die 5 Wörter kurz ein.

3 Verdecke die linke Seite, schreibe die Wörter auf und sprich sie laut aus.

die **Sonne** ....

der **Mond** ....

der **Stern** ....

früh ....

spät ....

4 Geschafft? Abgehakt!

DÍA 3

1 Lies das spanische Wort laut vor und schreibe es auf.

el **camarero,** la **camarera**
[ka.ma.'re.ro, ka.ma.'re.ra]
der Kellner, die Kellnerin

pedir
[pe.'dir]
bestellen

la **cerveza**
[θer.'be.θa]
das Bier

la **cocacola**
[ko.ka.'ko.la]
die/das Cola

la **carta**
['kar.ta]
die Speisekarte

2 Präge dir die 5 Wörter kurz ein.

3 Verdecke die linke Seite, schreibe die Wörter auf und sprich sie laut aus.

die/das **Cola** ....

das **Bier** ....

bestellen ....

der **Kellner**, die **Kellnerin** ....

die **Speisekarte** ....

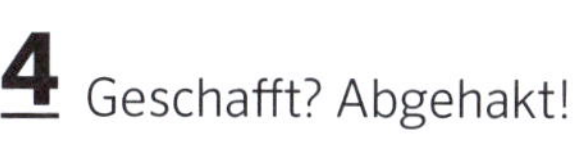

4 Geschafft? Abgehakt!

DÍA **4**

1 Lies das spanische Wort laut vor und schreibe es auf.

la **camisa**
[ka.'mi.sa]
das Hemd

el **jersey**
[cher.'säi]
der Pullover

el **sombrero**
[som.'bre.ro]
der Hut

el **bastón**
[bas.'ton]
der Gehstock

el **calcetín**
[kal.θe.'tin]
die Socke

2 Präge dir die 5 Wörter kurz ein.

3 Verdecke die linke Seite, schreibe die Wörter auf und sprich sie laut aus.

der **Pullover** ....

das **Hemd** ....

der **Hut** ....

der **Gehstock** ....

die **Socke** ....

4 Geschafft? Abgehakt!

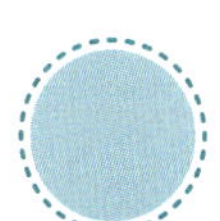

DÍA 5

1 Lies das spanische Wort laut vor und schreibe es auf.

la **rotonda**
[rro.'ton.da]
der Kreisverkehr

la **autovía**
[au.to.'bi.a]
die Autobahn

el **cruce**
['kru.θe]
die Kreuzung

el **tranvía**
[tram.'bi.a]
die Straßenbahn

el **metro**
['me.tro]
die U-Bahn

2 Präge dir die 5 Wörter kurz ein.

3 Verdecke die linke Seite, schreibe die Wörter auf und sprich sie laut aus.

der **Kreisverkehr** ....

die **Autobahn** ....

die **Kreuzung** ....

die **Straßenbahn** ....

die **U-Bahn** ....

4 Geschafft? Abgehakt!

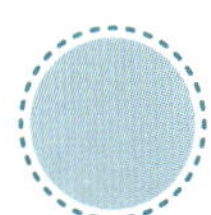

TESTE DICH! Wie viele Wörter der letzten 5 Tage kannst du noch?

1 Verbinde jedes Bild mit dem richtigen Wort.

trabajar **trabajar** **el cruce** **levantarse** **la luna** **el metro** **dormir** **la estrella**

el tranvía **el escritorio** **temprano** **el fin de semana** **la autovía** **el sol** **la rotonda**

2 Suche im Wortgitter die spanischen Wörter.

bestellen
das **Bier**
die/das **Cola**
der **Gehstock**
das **Hemd**
der **Hut**
die **Kellnerin**
der **Pullover**
die **Socke**
die **Speisekarte**

C	A	L	C	E	T	Í	N	S	C
A	O	J	E	R	S	E	Y	O	O
M	P	C	A	M	I	S	A	M	C
A	E	B	A	S	T	Ó	N	B	A
R	D	J	F	C	I	D	M	R	R
E	I	A	R	U	O	P	L	E	T
R	R	H	T	E	S	L	G	R	A
A	C	E	R	V	E	Z	A	O	B

3 Verdecke die linke Seite und vervollständige dein Glossar.

.... la **estrella**	.... **tarde**
der **Hut**	das **Hemd** ....
die **U-Bahn**	die **Autobahn** ....
.... la **cerveza**	.... **levantarse**
schlafen	.... el **cruce**
arbeiten	der **Pullover** ....
die **Speisekarte**	.... **temprano**
.... la **rotonda**	der/die **Kellner/-in** ....
.... el **escritorio**	.... el **bastón**
die/das **Cola**	die **Socke** ....
die **Straßenbahn**	das **Wochenende** ....
.... **pedir**	der **Mond** ....
die **Sonne**	Geschafft? Abgehakt!

DÍA 1

1 Lies das spanische Wort laut vor und schreibe es auf.

la **carne**
['kar.ne]
das Fleisch

la **verdura**
[ber.'du.ra]
das Gemüse

el **arroz**
[a.'rroθ]
der Reis

el **plato**
['pla.to]
der Teller

la **salsa**
['sal.sa]
die Soße

2 Präge dir die 5 Wörter kurz ein.

3 Verdecke die linke Seite, schreibe die Wörter auf und sprich sie laut aus.

das **Fleisch** ....

das **Gemüse** ....

der **Reis** ....

die **Soße** ....

der **Teller** ....

4 Geschafft? Abgehakt!

DÍA 2

1 Lies das spanische Wort laut vor und schreibe es auf.

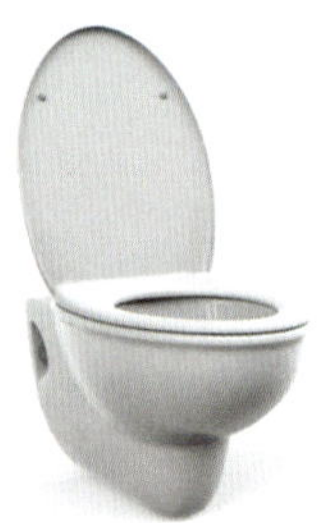

el **papel higiénico**
[pa.'pel i.'chje.ni.ko]
das Toilettenpapier

el **váter**
['ba.ter]
die Toilette

lavarse los dientes
[la.'bar.se los 'djen.tes]
Zähne putzen

bañarse
[ba.'njar.se]
baden

ducharse
[du.'tschar.se]
duschen

2 Präge dir die 5 Wörter kurz ein.

3 Verdecke die linke Seite, schreibe die Wörter auf und sprich sie laut aus.

die **Toilette** ....

das **Toilettenpapier** ....

Zähne putzen ....

baden ....

duschen ....

4 Geschafft? Abgehakt!

DÍA 3

1 Lies das spanische Wort laut vor und schreibe es auf.

los **pantalones**
[pan.ta.'lo.nes]
die Hose

las **gafas de sol**
['ga.fas de sol]
die Sonnenbrille

el **cinturón**
[θin.tu.'ron]
der Gürtel

el **abrigo**
[a.'bri.go]
der Mantel

el **guante**
['guan.te]
der Handschuh

2 Präge dir die 5 Wörter kurz ein.

3 Verdecke die linke Seite, schreibe die Wörter auf und sprich sie laut aus.

die **Hose** ....

die **Sonnenbrille** ....

der **Gürtel** ....

der **Mantel** ....

der **Handschuh** ....

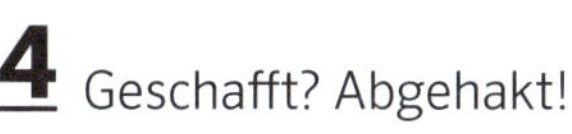

4 Geschafft? Abgehakt!

DÍA 4

1 Lies das spanische Wort laut vor und schreibe es auf.

el **pasaporte**
[pa.sa.'por.te]
der Reisepass

la **llegada**
[je.'ga.da]
die Ankunft

el **control de pasaportes**
[kon.'trol de pa.sa.'por.tes]
die Passkontrolle

el **control de seguridad**
[kon.'trol de se.gu.ri.'dad]
die Sicherheitskontrolle

la **salida**
[sa.'li.da]
der Abflug

2 Präge dir die 5 Wörter kurz ein.

3 Verdecke die linke Seite, schreibe die Wörter auf und sprich sie laut aus.

der **Reisepass** ....

die **Ankunft** ....

der **Abflug** ....

die **Passkontrolle** ....

die **Sicherheitskontrolle** ....

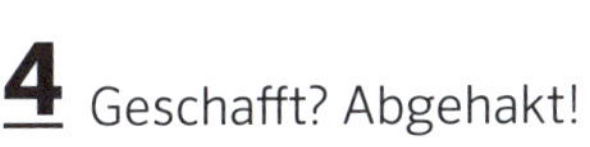

4 Geschafft? Abgehakt!

DÍA 5

1 Lies das spanische Wort laut vor und schreibe es auf.

el **atasco**
[a.'tas.ko]
der Stau

semáforo
[se.'ma.fo.ro]
die Ampel

rojo/a
['rro.cho/a]
rot

ámbar
['am.bar]
gelb (Ampellicht)

verde
['ber.de]
grün

2 Präge dir die 5 Wörter kurz ein.

3 Verdecke die linke Seite, schreibe die Wörter auf und sprich sie laut aus.

die **Ampel** ....

rot ....

gelb ....

grün ....

der **Stau** ....

4 Geschafft? Abgehakt!

TESTE DICH! Wie viele Wörter der letzten 5 Tage kannst du noch?

1 Verbinde jedes Bild mit dem richtigen Wort.

el papel higiénico **las gafas de sol** **el control de pasaportes** **el arroz** **ducharse** **rojo/a** **bañarse** **la verdura**

la llegada **el váter** **el pasaporte** **el control de seguridad** **lavarse los dientes** **el cinturón** **la salida**

2 Suche im Wortgitter die spanischen Wörter.

die **Ampel**
das **Fleisch**
gelb *(Ampellicht)*
grün
der **Handschuh**
die **Hose**
der **Mantel**
die **Soße**
der **Stau**
der **Teller**

E	P	I	S	C	C	S	L	D	V
A	L	F	A	A	Á	E	Q	U	E
B	A	M	L	R	M	M	J	G	R
R	T	T	S	N	R	Á	B	U	D
I	O	E	A	E	T	F	N	A	E
G	H	A	I	S	B	O	S	N	R
O	U	G	N	U	C	R	O	T	P
P	A	N	T	A	L	O	N	E	S

   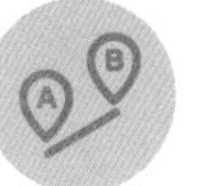 

3 Verdecke die linke Seite und vervollständige dein Glossar.

Zähne putzen …………	**duschen** …………
………… la **salida**	………… la **llegada**
………… el **atasco**	**rot** …………
die **Sonnenbrille** …………	das **Gemüse** …………
………… la **carne**	………… **ámbar**
die **Soße** …………	der **Reisepass** …………
der **Handschuh** …………	**baden** …………
die **Ampel** …………	………… el **abrigo**
………… el **arroz**	die **Passkontrolle** …………
die **Hose** …………	die **Sicherheitskontrolle** …………
grün …………	der **Teller** …………
………… el **cinturón**	das **Toilettenpapier** …………
………… el **váter**	Geschafft? Abgehakt!

DÍA 1

1 Lies das spanische Wort laut vor und schreibe es auf.

las **fresas**
['fre.sas]
die Erdbeeren

----

la **manzana**
[man.'θa.na]
der Apfel

el **plátano**
['pla.ta.no]
die Banane

----

el **melón**
[me.'lon]
die Melone

----

la **naranja**
[na.'ran.cha]
die Orange

2 Präge dir die 5 Wörter kurz ein.

3 Verdecke die linke Seite, schreibe die Wörter auf und sprich sie laut aus.

die **Erdbeeren** ....

der **Apfel** ....

die **Banane** ....

die **Melone** ....

die **Orange** ....

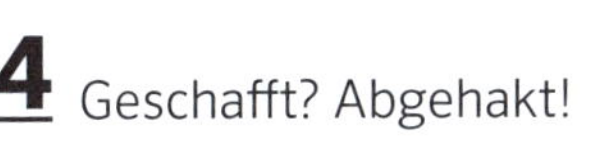

4 Geschafft? Abgehakt!

DÍA 2

1 Lies das spanische Wort laut vor und schreibe es auf.

ir en silla de ruedas
[ir en 'si.ja de rru'e.das]
Rollstuhl fahren

andar
[an.'dar]
gehen

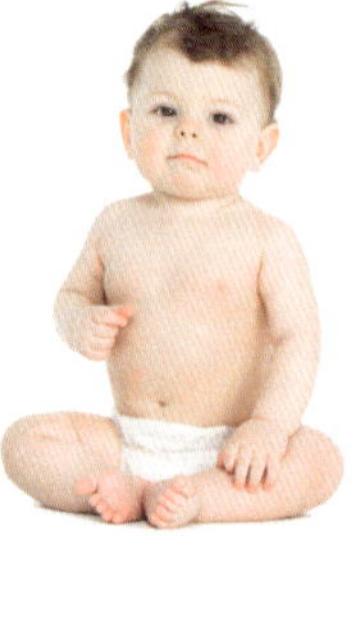

estar sentado/a
[es.'tar sen.'ta.do/a]
sitzen

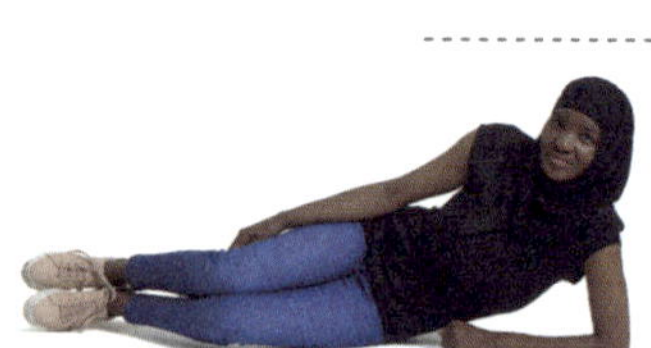

estar tumbado/a
[es.'tar tum.'ba.do/a]
liegen

estar de pie
[es.'tar de pje]
stehen

2 Präge dir die 5 Wörter kurz ein.

3 Verdecke die linke Seite, schreibe die Wörter auf und sprich sie laut aus.

gehen ....

Rollstuhl fahren ....

sitzen ....

liegen ....

stehen ....

4 Geschafft? Abgehakt!

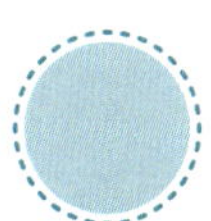

DÍA 3

1 Lies das spanische Wort laut vor und schreibe es auf.

la **bañera**
[ba.'nje.ra]
die Badewanne

el **champú**
[tscham.'pu]
das Shampoo

la **ducha**
['du.tscha]
die Dusche

el **espejo**
[es.'pe.cho]
der Spiegel

la **toalla**
[to.'a.ja]
das Handtuch

2 Präge dir die 5 Wörter kurz ein.

3 Verdecke die linke Seite, schreibe die Wörter auf und sprich sie laut aus.

das **Shampoo** ....

der **Spiegel** ....

die **Badewanne** ....

das **Handtuch** ....

die **Dusche** ....

4 Geschafft? Abgehakt!

DÍA 4

1 Lies das spanische Wort laut vor und schreibe es auf.

perezoso/a
[pe.re.'θo.so/a]
faul

rápido/a
['rra.pi.do/a]
schnell

lento/a
['len.to/a]
langsam

duro/a
['du.ro/a]
hart

blando/a
['blan.do/a]
weich

2 Präge dir die 5 Wörter kurz ein.

3 Verdecke die linke Seite, schreibe die Wörter auf und sprich sie laut aus.

faul ....

schnell ....

langsam ....

hart ....

weich ....

4 Geschafft? Abgehakt!

DÍA **5**

1 Lies das spanische Wort laut vor und schreibe es auf.

beber
[be.'ber]
trinken

la **fruta**
['fru.ta]
das Obst

la **uva**
['u.ba]
die Weintraube

el **zumo**
['θu.mo]
der Saft

el **vino**
['bi.no]
der Wein

2 Präge dir die 5 Wörter kurz ein.

3 Verdecke die linke Seite, schreibe die Wörter auf und sprich sie laut aus.

trinken ....

das **Obst** ....

die **Weintraube** ....

der **Saft** ....

der **Wein** ....

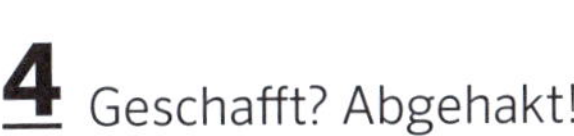

4 Geschafft? Abgehakt!

TESTE DICH! Wie viele Wörter der letzten 5 Tage kannst du noch?

1 Verbinde jedes Bild mit dem richtigen Wort.

blando/a **beber** **el vino** **andar** **rápido/a** **la fruta** **ir en silla de ruedas** **la uva**

estar tumbado/a **el zumo** **estar sentado/a** **duro/a** **perezoso/a** **estar de pie** **lento/a**

2 Suche im Wortgitter die spanischen Wörter.

der **Apfel**
die **Badewanne**
die **Banane**
die **Erdbeeren**
die **Dusche**
das **Handtuch**
die **Melone**
die **Orange**
das **Shampoo**
der **Spiegel**

N	B	F	R	E	S	A	S	C	H
M	A	N	Z	A	N	A	P	H	U
E	Ñ	R	N	T	G	I	L	A	A
L	E	S	A	Z	A	J	Á	M	D
Ó	R	F	O	N	S	E	T	P	U
N	A	B	L	O	J	M	A	Ú	C
P	T	O	A	L	L	A	N	I	H
C	R	E	S	P	E	J	O	D	A

3 Verdecke die linke Seite und vervollständige dein Glossar.

.... **estar sentado/a**	.... **estar de pie**
langsam	**schnell** ....
der **Wein**	das **Obst** ....
.... el **espejo**	.... la **manzana**
die **Erdbeeren**	.... la **uva**
die **Melone**	**faul** ....
die **Dusche**	.... **estar tumbado/a**
.... **beber**	das **Handtuch** ....
.... el **plátano**	**hart** ....
das **Shampoo**	.... **blando/a**
der **Saft**	die **Orange** ....
.... la **bañera**	.... **ir en silla de ruedas**
gehen	Geschafft? Abgehakt!

DÍA 1

1 Lies das spanische Wort laut vor und schreibe es auf.

la **tabla de planchar**
['ta.bla de plan.'tschar]
das Bügelbrett

---

la **plancha**
['plan.tscha]
das Bügeleisen

la **lavadora**
[la.ba.'do.ra]
die Waschmaschine

---

el **cubo**
['ku.bo]
der Eimer

---

la **aspiradora**
[as.pi.ra.'do.ra]
der Staubsauger

2 Präge dir die 5 Wörter kurz ein.

3 Verdecke die linke Seite, schreibe die Wörter auf und sprich sie laut aus.

der **Eimer** ....

die **Waschmaschine** ....

das **Bügeleisen** ....

das **Bügelbrett** ....

der **Staubsauger** ....

4 Geschafft? Abgehakt!

DÍA 2

1 Lies das spanische Wort laut vor und schreibe es auf.

caliente
[ka.'ljen.te]
heiß

frío/a
['fri.o/a]
kalt

la **tormenta**
[tor.'men.ta]
das Gewitter

el **arco iris**
['ar.ko 'i.ris]
der Regenbogen

el **hielo**
['je.lo]
das Eis

2 Präge dir die 5 Wörter kurz ein.

3 Verdecke die linke Seite, schreibe die Wörter auf und sprich sie laut aus.

heiß ....

kalt ....

das **Gewitter** ....

der **Regenbogen** ....

das **Eis** ....

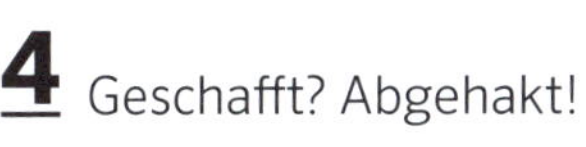

4 Geschafft? Abgehakt!

DÍA 3

1 Lies das spanische Wort laut vor und schreibe es auf.

la **ciudad**
[θju.'dad]
die Stadt

----

el **puente**
[pu'en.te]
die Brücke

la **acera**
[a.'θe.ra]
der Gehweg

----

el **peatón, la peatona**
[pe.a.'ton, pe.a.'to.na]
der Fußgänger, die Fußgängerin

----

la **calle**
['ka.je]
die Straße

2 Präge dir die 5 Wörter kurz ein.

3 Verdecke die linke Seite, schreibe die Wörter auf und sprich sie laut aus.

die **Stadt** ....

die **Brücke** ....

der **Gehweg** ....

die **Straße** ....

der **Fußgänger,** die **Fußgängerin** ....

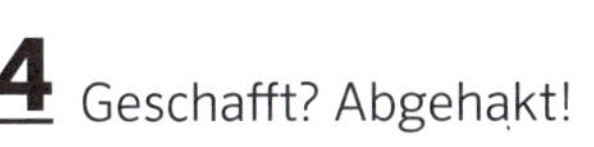

4 Geschafft? Abgehakt!

DÍA 4

1 Lies das spanische Wort laut vor und schreibe es auf.

el **limón**
[li.'mon]
die Zitrone

la **botella**
[bo.'te.ja]
die Flasche

el **agua**
['a.gua]
das Wasser

la **bebida**
[be.'bi.da]
das Getränk

el **vaso**
['ba.so]
das Glas

2 Präge dir die 5 Wörter kurz ein.

3 Verdecke die linke Seite, schreibe die Wörter auf und sprich sie laut aus.

die **Zitrone** ....

das **Wasser** ....

das **Glas** ....

das **Getränk** ....

die **Flasche** ....

4 Geschafft? Abgehakt!

DÍA 5

1 Lies das spanische Wort laut vor und schreibe es auf.

la **parada de autobús**
[pa.'ra.da de au.to.'bus]
die Bushaltestelle

los **horarios**
[o.'ra.rjos]
der Fahrplan

el **billete**
[bi.'je.te]
die Fahrkarte

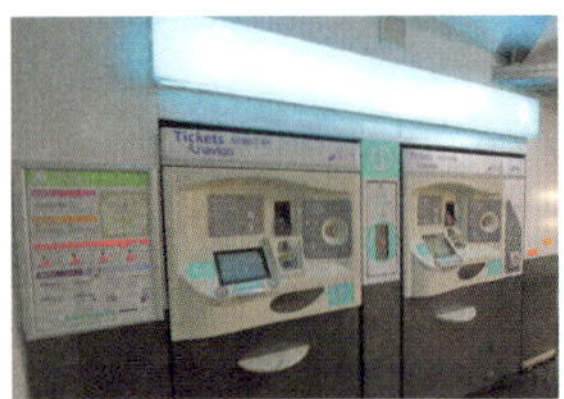

la **máquina de venta de billetes**
['ma.ki.na de 'ben.ta de bi.'je.tes]
der Fahrkartenautomat

la **estación de tren**
[es.ta.'θjon de tren]
der Bahnhof

2 Präge dir die 5 Wörter kurz ein.

3 Verdecke die linke Seite, schreibe die Wörter auf und sprich sie laut aus.

die **Bushaltestelle** ....

der **Fahrplan** ....

die **Fahrkarte** ....

der **Fahrkartenautomat** ....

der **Bahnhof** ....

4 Geschafft? Abgehakt!

TESTE DICH !

Wie viele Wörter der letzten 5 Tage kannst du noch?

1 Verbinde jedes Bild mit dem richtigen Wort.

la calle **caliente** **la máquina de venta de billetes** **la aspiradora** **el peatón, la peatona** **el billete** **el arco iris**

la lavadora **el hielo** **frío/a** **los horarios** **la tormenta** **el limón** **la parada de autobús** **la estación de tren**

2 Suche im Wortgitter die spanischen Wörter.

die **Brücke**
das **Bügeleisen**
der **Eimer**
die **Flasche**
der **Gehweg**
das **Getränk**
das **Glas**
die **Stadt**
das **Wasser**

P	U	E	N	T	E	J	S	A
E	L	J	C	E	P	B	O	G
D	R	A	C	F	C	E	A	U
L	C	R	N	I	Z	B	C	A
A	U	A	M	C	U	I	E	N
S	B	I	B	F	H	D	R	U
B	O	T	E	L	L	A	A	O
H	P	G	V	A	S	O	T	D

3 Verdecke die linke Seite und vervollständige dein Glossar.

.... la **tormenta**	.... el **hielo**
das **Glas**	das **Wasser** ....
der **Bahnhof**	der **Fahrplan** ....
die **Brücke**	.... la **lavadora**
.... el **cubo**	die **Fahrkarte** ....
das **Bügelbrett**	die **Zitrone** ....
.... el **peatón,** la **peatona**	der **Regenbogen** ....
die **Bushaltestelle**	.... la **calle**
.... la **plancha**	das **Getränk** ....
.... la **ciudad**	die **Flasche** ....
... la **máquina de venta de billetes**	.... la **aspiradora**
der **Gehweg**	.... **frío/a**
heiß	

Geschafft? Abgehakt!

DÍA 1

1 Lies das spanische Wort laut vor und schreibe es auf.

hornear
[or.ne.'ar]
backen

pelar
[pe.'lar]
schälen

cortar
[kor.'tar]
schneiden

cocer
[ko.'θer]
kochen

freír
[fre.'ir]
braten

2 Präge dir die 5 Wörter kurz ein.

3 Verdecke die linke Seite, schreibe die Wörter auf und sprich sie laut aus.

backen ....

schälen ....

schneiden ....

kochen ....

braten ....

4 Geschafft? Abgehakt!

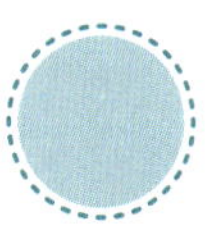

DÍA 2

1 Lies das spanische Wort laut vor und schreibe es auf.

coger
[ko.'cher]
nehmen

llevar
[je.'bar]
tragen

hablar
[a.'blar]
sprechen

oír
[o.'ir]
hören

ver
[ber]
sehen

2 Präge dir die 5 Wörter kurz ein.

3 Verdecke die linke Seite, schreibe die Wörter auf und sprich sie laut aus.

nehmen ....

tragen ....

sprechen ....

hören ....

sehen ....

4 Geschafft? Abgehakt!

DÍA 3

1 Lies das spanische Wort laut vor und schreibe es auf.

el **cuarto de baño**
['kuar.to de 'ba.njo]
das Badezimmer

---

el **dormitorio**
[dor.mi.'to.rjo]
das Schlafzimmer

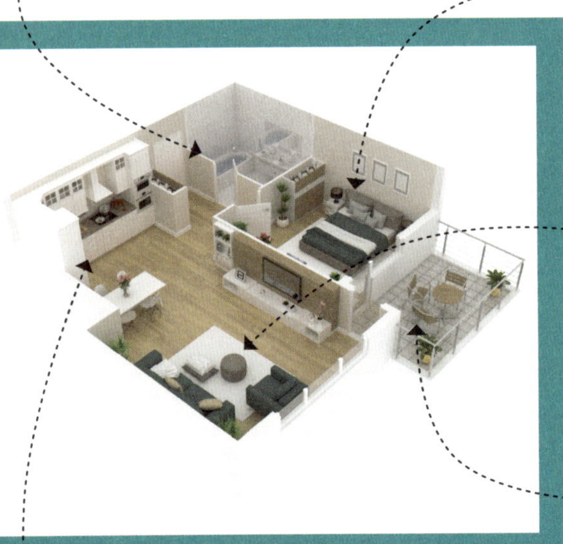

el **salón**
[sa.'lon]
das Wohnzimmer

---

el **balcón**
[bal.'kon]
der Balkon

---

la **cocina**
[ko.'θi.na]
die Küche

2 Präge dir die 5 Wörter kurz ein.

3 Verdecke die linke Seite, schreibe die Wörter auf und sprich sie laut aus.

der **Balkon** ....

die **Küche** ....

das **Wohnzimmer** ....

das **Badezimmer** ....

das **Schlafzimmer** ....

DÍA 4

1 Lies das spanische Wort laut vor und schreibe es auf.

nevado/a
[ne.'ba.do/a]
verschneit

soleado/a
[so.le.'a.do/a]
sonnig

nublado/a
[nu.'bla.do/a]
wolkig

brumoso/a
[bru.'mo.so/a]
neblig

ventoso/a
[ben.'to.so/a]
windig

2 Präge dir die 5 Wörter kurz ein.

3 Verdecke die linke Seite, schreibe die Wörter auf und sprich sie laut aus.

verschneit ....

sonnig ....

wolkig ....

neblig ....

windig ....

4 Geschafft? Abgehakt!

DÍA **5**

1 Lies das spanische Wort laut vor und schreibe es auf.

el **lago**
['la.go]
der See

el **bosque**
['bos.ke]
der Wald

el **prado**
['pra.do]
die Wiese

la **hoja**
['o.cha]
das Blatt

el **árbol**
['ar.bol]
der Baum

2 Präge dir die 5 Wörter kurz ein.

3 Verdecke die linke Seite, schreibe die Wörter auf und sprich sie laut aus.

der **See** ....

der **Wald** ....

die **Wiese** ....

das **Blatt** ....

der **Baum** ....

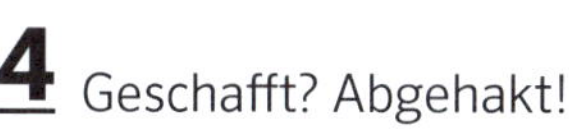

4 Geschafft? Abgehakt!

TESTE DICH! Wie viele Wörter der letzten 5 Tage kannst du noch?

1 Verbinde jedes Bild mit dem richtigen Wort.

nublado/a **hablar** **cortar** **brumoso/a** **ver** **freír** **hornear** **llevar**

soleado/a **ventoso/a** **pelar** **coger** **nevado/a** **cocer** **oír**

2 Suche im Wortgitter die spanischen Wörter.

der **Balkon**
das **Badezimmer**
der **Baum**
das **Blatt**
die **Küche**
das **Schlafzimmer**
der **See**
der **Wald**
die **Wiese**
das **Wohnzimmer**

B	L	O	M	E	B	A	L	C	Ó	N	F
C	U	A	R	T	O	D	E	B	A	Ñ	O
O	T	P	G	L	S	N	P	J	G	R	H
C	S	L	U	O	Q	A	I	R	R	V	Á
I	A	M	C	I	U	A	R	S	A	N	R
N	L	E	S	Z	E	L	N	P	O	D	B
A	Ó	D	O	R	M	I	T	O	R	I	O
E	N	D	A	C	O	H	O	J	A	U	L

3 Verdecke die linke Seite und vervollständige dein Glossar.

sprechen	.... **ver**
.... **nublado/a**	**sonnig** ....
der **Baum**	der **Wald** ....
die **Küche**	**schälen** ....
.... **hornear**	.... el **prado**
kochen	.... **nevado/a**
das **Schlafzimmer**	**hören** ....
der **See**	das **Badezimmer** ....
.... **cortar**	.... **brumoso/a**
der **Balkon**	**windig** ....
.... la **hoja**	.... **freír**
das **Wohnzimmer**	**tragen** ....
nehmen	

Geschafft? Abgehakt!

DÍA 1

1 Lies das spanische Wort laut vor und schreibe es auf.

el **desayuno**
[de.sa.'ju.no]
das Frühstück

el **almuerzo**
[al.mu'er.θo]
das Mittagessen

la **cena**
['θe.na]
das Abendessen

el **aperitivo**
[a.pe.ri.'ti.bo]
der Snack

¡Salud!
[sa.'lud]
Prost!

2 Präge dir die 5 Wörter kurz ein.

3 Verdecke die linke Seite, schreibe die Wörter auf und sprich sie laut aus.

das **Frühstück** ....

das **Mittagessen** ....

das **Abendessen** ....

der **Snack** ....

Prost! ....

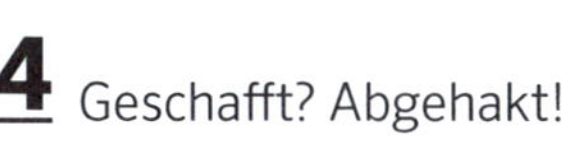

4 Geschafft? Abgehakt!

DÍA 2

1 Lies das spanische Wort laut vor und schreibe es auf.

el **papel**
[pa.'pel]
das Papier

escribir
[es.kri.'bir]
schreiben

el **boli**
['bo.li]
der Stift

el **ordenador**
[or.de.na.'dor]
der Computer

las **gafas**
['ga.fas]
die Brille

2 Präge dir die 5 Wörter kurz ein.

3 Verdecke die linke Seite, schreibe die Wörter auf und sprich sie laut aus.

das **Papier** ....

die **Brille** ....

schreiben ....

der **Stift** ....

der **Computer** ....

4 Geschafft? Abgehakt!

DÍA **3**

1 Lies das spanische Wort laut vor und schreibe es auf.

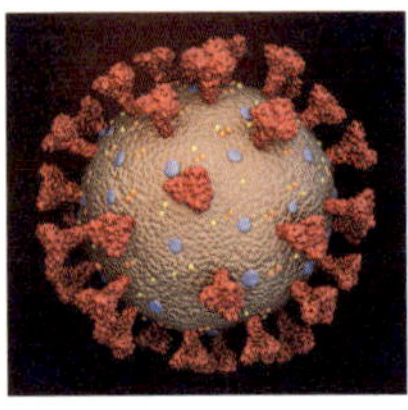

el **virus**
['bi.rus]
das/der Virus

sano/a
['sa.no/a]
gesund

enfermo/a
[en.'fer.mo/a]
krank

la **mascarilla**
[mas.ka.'ri.ja]
der Mundschutz

la **pandemia**
[pan.'de.mja]
die Pandemie

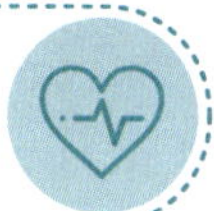

2 Präge dir die 5 Wörter kurz ein.

3 Verdecke die linke Seite, schreibe die Wörter auf und sprich sie laut aus.

das/der **Virus** ....

krank ....

gesund ....

der **Mundschutz** ....

die **Pandemie** ....

4 Geschafft? Abgehakt!

DÍA **4**

1 Lies das spanische Wort laut vor und schreibe es auf.

cantar
[kan.'tar]
singen

bailar
[bai.'lar]
tanzen

alto/a
['al.to/a]
laut

bajo/a
['ba.cho/a]
leise

la **música**
['mu.si.ka]
die Musik

2 Präge dir die 5 Wörter kurz ein.

3 Verdecke die linke Seite, schreibe die Wörter auf und sprich sie laut aus.

singen ....

tanzen ....

laut ....

leise ....

die **Musik** ....

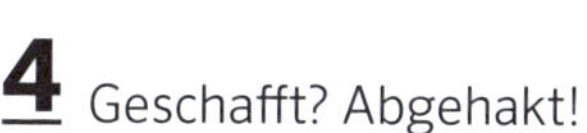

4 Geschafft? Abgehakt!

DÍA 5

1 Lies das spanische Wort laut vor und schreibe es auf.

la **ventana**
[ben.'ta.na]
das Fenster

la **lámpara**
['lam.pa.ra]
die Lampe

el **sillón**
[si.'jon]
der Sessel

el **sofá**
[so.'fa]
das Sofa

la **alfombra**
[al.'fom.bra]
der Teppich

2 Präge dir die 5 Wörter kurz ein.

3 Verdecke die linke Seite, schreibe die Wörter auf und sprich sie laut aus.

das **Fenster** ....

der **Sessel** ....

das **Sofa** ....

die **Lampe** ....

der **Teppich** ....

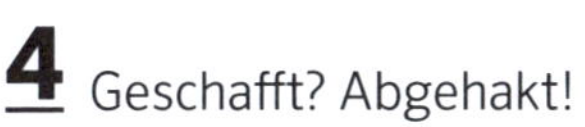

4 Geschafft? Abgehakt!

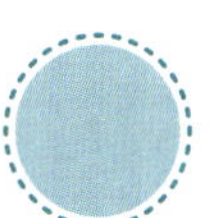

TESTE DICH! Wie viele Wörter der letzten 5 Tage kannst du noch?

1 Verbinde jedes Bild mit dem richtigen Wort.

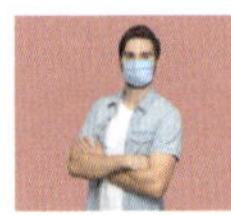

la pandemia **¡Salud!** **bajo/a** **cantar** **la cena** **la música** **el desayuno** **el virus**

enfermo/a **el aperitivo** **la mascarilla** **alto/a** **el almuerzo** **sano/a** **bailar**

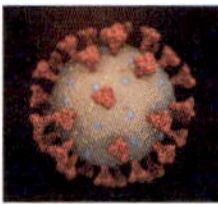

2 Suche im Wortgitter die spanischen Wörter.

die **Brille**
der **Computer**
das **Fenster**
die **Lampe**
das **Papier**
schreiben
der **Sessel**
das **Sofa**
der **Stift**
der **Teppich**

E	S	C	R	I	B	I	R	A	Z
G	A	F	A	S	B	Q	F	L	V
N	C	V	P	I	O	U	L	F	E
B	S	J	D	L	L	F	E	O	N
P	A	P	E	L	I	R	Á	M	T
T	O	A	H	Ó	G	P	M	B	A
O	R	D	E	N	A	D	O	R	N
I	S	L	Á	M	P	A	R	A	A

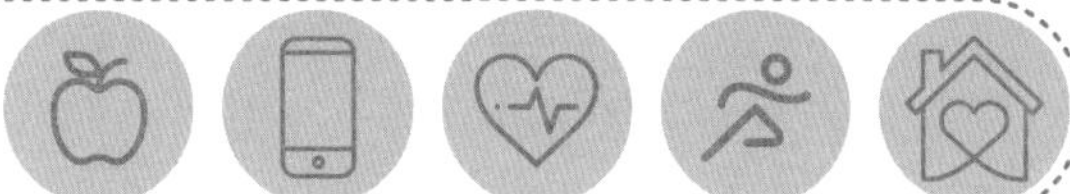

3 Verdecke die linke Seite und vervollständige dein Glossar.

schreiben	der **Computer** ....
.... **alto/a**	.... **bailar**
der **Teppich**	.... el **sillón**
krank	das **Mittagessen** ....
das **Frühstück**	das **Sofa** ....
.... el **aperitivo**	**singen** ....
die **Pandemie**	.... el **boli**
das **Fenster**	der **Mundschutz** ....
.... la **cena**	.... **bajo/a**
das/der **Virus**	die **Musik** ....
die **Lampe**	**Prost!** ....
.... **sano/a**	.... las **gafas**
das **Papier**	

Geschafft? Abgehakt!

Alphabetische Wortliste Spanisch – Deutsch

Hier findest du alle spanischen Wörter mit deutscher Übersetzung, die du in diesem Buch lernen kannst.

A

abrazar *umarmen, sich* 116
abrigo, el *Mantel, der* 188
abrir *öffnen* 168
abuela, la *Großmutter, die* 78
abuelo, el *Großvater, der* 78
aceite, el *Öl, das* 114
acera, la *Gehweg, der* 212
¡Adiós! *Tschüss!* 116
aeropuerto, el *Flughafen, der* 82
agua, el *Wasser, das* 214
ahora *jetzt* 102
ajo, el *Knoblauch, der* 96
alfombra, la *Teppich, der* 240
almohada, la *Kopfkissen, das* 164
almuerzo, el *Mittagessen, das* 232
alto/a *laut* 238
ámbar *gelb (Ampellicht)* 192
amigo, amiga, el, la *Freund, Freundin, der, die* 160
andar *gehen* 198
andén, el *Bahnsteig, der* 156
animal, el *Tier, das* 48
año, el *Jahr, das* 132
aparcamiento, el *Parkplatz, der* 42
aparcar *parken* 42
aperitivo, el *Snack, der* 232
araña, la *Spinne, die* 130
árbol, el *Baum, der* 228
arco iris, el *Regenbogen, der* 210
arena, la *Sand, der* 52
arroz, el *Reis, der* 184
asiento, el *Sitz, der* 168
aspiradora, la *Staubsauger, der* 208
atasco, el *Stau, der* 192
aterrizar *landen* 168
audífono, el *Hörgerät, das* 124
auriculares, los *Kopfhörer, der* 152
autobús, el *Bus, der* 58
autocaravana, la *Wohnmobil, das* 92
autovía, la *Autobahn, die* 180
avión, el *Flugzeug, das* 82
ayer *gestern* 66
azúcar, el *Zucker, der* 154

B

bailar *tanzen* 238
bajar *aussteigen* 120
bajo/a *leise* 238
balcón, el *Balkon, der* 224
balón, el *Ball, der* 144

C

M

N

T

U

V

W

Y

Z

Bildnachweis

©123RF
Bildreihenfolge von rechts oben bis links unten

4 Katarzyna Białasiewicz; **6** (a) Quanxiong ZENG, (b) degimages, (c) Matej Kastelic, (d) milkos, (e) Mark Bowden; **8** conssuella; **10** (a) Martti Tapio Salmela, (b) Alexander Lysenko, (c) Gratsias Adhi Hermawan, (d) Nataliya Popova, (e) Nataliya Popova **12** Katarzyna Białasiewicz **14** (a) Quanxiong ZENG, (b) Martti Tapio Salmela, (c) Katarzyna Białasiewicz, (d) Nataliya Popova, (e) milkos, (f) Gratsias Adhi Hermawan, (g) degimages, (h) conssuella, (i) Katarzyna Białasiewicz, (j) Matej Kastelic, (k) Alexander Lysenko, (l) Mark Bowden, (m) Katarzyna Białasiewicz, (n) Katarzyna Białasiewicz, (o) Nataliya Popova; **16** (a) gelpi, (b) ljupco, (c) serezniy, (d) ferli, (e) Irina Zharkova; **18** valentinka2021; **20** (a) kenishirotie, (b) Keattikorn Samarnggoon, (c) Pavel Stasevich, (d) akarasirithada, (e) olenago; **22** macrovector; **24** (a) Robyn Mackenzie, (b) katerynabibro, (c) movingmoment, (d) serezniy, (e) Dusan Zidar; **26** (a) olenago, (b) Irina Zharkova, (c) gelpi, (d) Pavel Stasevich, (e) movingmoment, (f) Dusan Zidar, (g) serezniy, (h) ferli, (i) katerynabibro, (j) kenishirotie, (k) Keattikorn Samarnggoon, (l) Robyn Mackenzie, (m) akarasirithada, (n) ljupco, (o) serezniy; **28** nuchao; **30** (a) ammentorp, (b) Ievgen Onyshchenko, (c) Tomas Marek, (d) Sviatlana Yankouskaya, (e) Wavebreak Media Ltd; **32** (a) paolo77, (b) Karin Hildebrand Lau, (c) aldorado10, (d) Cucu Giorgiana Andreea, (e) neirfy; **34** Daria Kolosova; **36** Isselee Eric Philippe; **38** (a) Tomas Marek, (b) Wavebreak Media Ltd, (c) aldorado10, (d) Daria Kolosova, (e) ammentorp, (f) nuchao, (g) Karin Hildebrand Lau, (h) Daria Kolosova, (i) Isselee Eric Philippe, (j) Sviatlana Yankouskaya, (k) Ievgen Onyshchenko, (l) neirfy, (m) Isselee Eric Philippe, (n) paolo77, (o) Cucu Giorgiana Andreea; **40** milkos; **42** (a) Jozef Polc, (b) bilanol, (c) stokkete, (d) ammentorp, (e) Angelo Cordeschi; **44** Petr Goskov; **46** (a) gioiak2, (b) nenovbrothers, (c) Zukhra Kholiavskaia, (d) Ivan Ryabokon, (e) kritchanut; **48** (a) ANASTASIIA LYTVYNENKO, (b) Isselee Eric Philippe, (c) romastudio, (d) Nynke van Holten, (e) Isselee Eric Philippe; **50** (a) Isselee Eric Philippe, (b) kritchanut, (c) ANASTASIIA LYTVYNENKO, (d) nenovbrothers, (e) stokkete, (f) Nynke van Holten, (g) Isselee Eric Philippe, (h) Zukhra Kholiavskaia, (i) bilanol, (j) gioiak2, (k) romastudio, (l) Angelo Cordeschi, (m) Jozef Polc, (n) ammentorp, (o) Ivan Ryabokon; **52** ericlaudonien; **54** (a) arcady31, (b) Oleksii Nikolaiev, (c) yuriwo, (d) Ivan Ryabokon, (e) Erick Warkentin; **56** lightfieldstudios; **58** Jozef Polc; **60** serezniy; **62** (a) Oleksii Nikolaiev, (b) lightfieldstudios, (c) Ivan Ryabokon, (d) serezniy, (e) Jozef Polc, (f) lightfieldstudios, (g) serezniy, (h) ericlaudonien, (i) Jozef Polc, (j) ericlaudonien, (k) lightfieldstudios, (l) arcady31, (m) Erick Warkentin, (n) yuriwo, (o) serezniy; **64** (a) sinenkiy, (b) Ludmila Smite, (c) Vitaliy Nazarenko, (d) Iryna Bezus, (e) Tatyana Tomsickova; **66** ma8; **68** (a) Zukhra Kholiavskaia, (b) olegdudko, (c) serezniy, (d) kwanchaichaiudom, (e) Margarita Borodina; **70** (a) liew hooi feng, (b) Valentyn Volkov, (c) Uliana Dementieva, (d) gresei, (e) sangsiripech tunruen; **72** dmitryazovsky; **74** (a) serezniy, (b) gresei, (c) sinenkiy, (d) kwanchaichaiudom, (e) Uliana Dementieva, (f) olegdudko, (g) Valentyn Volkov, (h) Iryna Bezus, (i) liew hooi feng, (j) Vitaliy Nazarenko, (k) Margarita Borodina, (l) Tatyana Tomsickova, (m) Zukhra Kholiavskaia, (n) sangsiripech tunruen, (o) Ludmila Smite; **76** (a) coward_lion, (b) Viktor Gladkov, (c) foottoo, (d) tea, (e) rh2010; **78** Evgeny Atamanenko; **80** (a) Mikhail Azarov, (b) savanno, (c) fotoidee, (d) Ivan Mateev, (e) Antonio Guillem; **82** maridav; **84** whitecity; **86** (a) savanno, (b) Viktor Gladkov, (c) rh2010, (d) fotoidee, (e) Mikhail Azarov, (f) Evgeny Atamanenko, (g) coward_lion, (h) Evgeny Atamanenko, (i) Evgeny Atamanenko, (j) Antonio Guillem, (k) maridav, (l) foottoo, (m) Evgeny Atamanenko, (n) tea, (o) Ivan Mateev; **88** (a) Liliya Butenko, (b) Andrey Simonenko, (c) Kovacs Agnes Zsofia, (d) Isselee Eric Philippe, (e) Charoenchai Tothaisong; **90** (a) Georgii Dolgykh, (b) Warut Chinsai, (c) serezniy, (d) ljupco, (e) lightfieldstudios; **92** Ganna Tugolukova; **94** mukhina1; **96** miramiska; **98** (a) Warut Chinsai, (b) Charoenchai Tothaisong, (c) Kovacs Agnes Zsofia, (d) lightfieldstudios, (e) serezniy, (f) miramiska, (g) Liliya Butenko, (h) miramiska, (i) miramiska, (j) Georgii Dolgykh, (k) Ganna Tugolukova, (l) ljupco, (m) mukhina1, (n) Andrey Simonenko, (o) Isselee Eric Philippe; **100** (a) Evgeny Atamanenko, (b) seventyfour74, (c) Kasper Ravlo, (d) milkos, (e) Andriy Popov; **102** noppadol thammatorn; **104** serezniy; **106** (a) Carolyn Franks, (b) supoj buranaprapapong, (c) rclassenlayouts, (d) Volodymyr Kalyniuk, (e) Irina Schmidt; **108** Andrii YURLOV; **110** (a) Evgeny Atamanenko, (b) milkos, (c) Andriy Popov, (d) Andrii YURLOV, (e) Irina Schmidt, (f) serezniy, (g) seventyfour74, (h) noppadol thammatorn, (i) serezniy, (j) Volodymyr Kalyniuk, (k) rclassenlayouts, (l) Carolyn Franks, (m) serezniy, (n) Kasper Ravlo, (o) supoj buranaprapapong; **112** (a) sedatseven, (b) Paolo Cordoni, (c) welcomia, (d) Andrii Dragan, (e) Andriy Popov; **114** Andrei Kuzmik; **116** (a) Antonio Guillem, (b) prudencio alvarez, (c) natabene, (d) Jozef Polc, (e) anetlanda; **118** Piotr Adamowicz; **120** (a) Dmitrii Shironosov, (b) rawpixel, (c) Mark Bowden, (d) photochicken, (e) NATEE MEEPIAN; **122** (a) NATEE MEEPIAN, (b) Paolo Cordoni, (c) Mark Bowden,

(d) Jozef Polc, (e) anetlanda, (f) welcomia, (g) natabene, (h) Antonio Guillem, (i) rawpixel, (j) Andrii Dragan, (k) Andriy Popov, (l) photochicken, (m) sedatseven, (n) prudencio alvarez, (o) Dmitrii Shironosov; **124** lightfieldstudios; **126** (a) Tatyana Sidyukova, (b) movingmoment, (c) gresei, (d) whpics, (e) serezniy; **128** ljupco; **130** (a) Nynke van Holten, (b) Mikita Kavaliou, (c) callipso, (d) Nikolai Kashenko, (e) panor krachon; **132** hannamariah; **134** (a) Mikita Kavaliou, (b) Tatyana Sidyukova, (c) gresei, (d) panor krachon, (e) callipso, (f) lightfieldstudios, (g) whpics, (h) ljupco, (i) ljupco, (j) Nikolai Kashenko, (k) ljupco, (l) Nynke van Holten, (m) lightfieldstudios, (n) movingmoment, (o) serezniy; **136** milkos; **138** (a) Roman Zaiets, (b) Jovan Mandic, (c) serhii bobyk, (d) milkos, (e) Svitlana Hulko; **140** (a) Liubomir Paut-Fluerasu, (b) Gabriel Murad, (c) Chon Kit Leong, (d) yobro10, (e) Mark Bowden; **142** Sergiy Akhundov; **144** Oleksandr Prykhodko; **146** (a) milkos, (b) Liubomir Paut-Fluerasu, (c) Mark Bowden, (d) Gabriel Murad, (e) yobro10, (f) milkos, (g) Chon Kit Leong, (h) Sergiy Akhundov, (i) Sergiy Akhundov, (j) Svitlana Hulko, (k) Oleksandr Prykhodko, (l) serhii bobyk, (m) milkos, (n) Roman Zaiets, (o) Jovan Mandic; **148** Natalia Kostikova; **150** (a) Vladimir Tarasov, (b) serezniy, (c) ismagilov, (d) Tetiana Kravchenko, (e) sondem; **152** nosua; **154** (a) nathanipha phoeiwat, (b) Andrey Starostin, (c) liudmilachernetska, (d) timmary, (e) Ruslan Kudrin; **156** photogearch; **158** (a) nathanipha phoeiwat, (b) Tetiana Kravchenko, (c) sondem, (d) Vladimir Tarasov, (e) Ruslan Kudrin, (f) Natalia Kostikova, (g) Andrey Starostin, (h) nosua, (i) photogearch, (j) timmary, (k) Natalia Kostikova, (l) ismagilov, (m) nosua, (n) liudmilachernetska, (o) serezniy; **160** Viacheslav Iakobchuk; **162** (a) Sergey Nivens, (b) sattapapan tratong, (c) Kasper Ravlo, (d) damedeeso, (e) rh2010; **164** Katarzyna Białasiewicz; **166** Roman Samborskyi; **168** (a) dimarik16, (b) Yaroslav Astakhov, (c) Jirati Juntranimit, (d) adynyoman, (e) adynyoman; **170** (a) Jirati Juntranimit, (b) adynyoman, (c) sattapapan tratong, (d) dimarik16, (e) Yaroslav Astakhov, (f) Roman Samborskyi, (g) damedeeso, (h) Katarzyna Białasiewicz, (i) Katarzyna Białasiewicz, (j) adynyoman, (k) Roman Samborskyi, (l) Sergey Nivens, (m) Viacheslav Iakobchuk, (n) rh2010, (o) Kasper Ravlo; **172** (a) Kasper Ravlo, (b) milkos, (c) Luke Wilcox, (d) Andrea De Martin, (e) Maksim Shmeljov; **174** (a) Boiko Ilia, (b) Boiko Ilia, (c) Chatchaithep Tamlikit, (d) thvideo, (e) Sean Pavone; **176** dolgachov; **178** ljupco; **180** (a) Carolyn Franks, (b) fotocorn, (c) Ryan DeBerardinis, (d) Oleksandr Prykhodko, (e) Iakov Filimonov; **182** (a) Iakov Filimonov, (b) thvideo, (c) Chatchaithep Tamlikit, (d) Sean Pavone, (e) Boiko Ilia, (f) Carolyn Franks, (g) milkos, (h) Maksim Shmeljov, (i) Ryan DeBerardinis, (j) Luke Wilcox, (k) Andrea De Martin, (l) fotocorn, (m) Oleksandr Prykhodko, (n) Boiko Ilia, (o) Kasper Ravlo; **184** Luiz Ribeiro Ribeiro; **186** (a) Maciej Koza, (b) olegdudko, (c) serezniy, (d) Andrey Zhuravlev, (e) andriano; **188** Roman Samborskyi; **190** (a) liudmilachernetska, (b) Kiattisak Lamchan, (c) mrwed54, (d) Olena Yakobchuk, (e) - -AQ395; **192** Askolds Berovskis; **194** (a) Askolds Berovskis, (b) Andrey Zhuravlev, (c) - -AQ395, (d) olegdudko, (e) Maciej Koza, (f) Luiz Ribeiro Ribeiro, (g) Olena Yakobchuk, (h) Roman Samborskyi, (i) Luiz Ribeiro Ribeiro, (j) mrwed54, (k) Roman Samborskyi, (l) serezniy, (m) Kiattisak Lamchan, (n) liudmilachernetska, (o) andriano; **196** alinamd; **198** (a) ljupco, (b) lightfieldstudios, (c) Tatiana Gladskikh, (d) Josep Curto, (e) djomas; **200** Bongkarn Thanyakij; **202** (a) Alexandr Ermolaev, (b) freestyledesignworks, (c) Igor Boldyrev, (d) dwiputras, (e) bonzami Emmanuelle; **204** (a) Elena Skorobogatova, (b) alinamd, (c) aspi13, (d) Markus Mainka, (e) grafner; **206** (a) ljupco, (b) Markus Mainka, (c) lightfieldstudios, (d) alinamd, (e) djomas, (f) Tatiana Gladskikh, (g) Josep Curto, (h) dwiputras, (i) Alexandr Ermolaev, (j) grafner, (k) Igor Boldyrev, (l) bonzami emmanuelle, (m) aspi13, (n) freestyledesignworks, (o) Elena Skorobogatova; **208** absent; **210** eagle2308, (b) thvideo, (c) altitudevisual, (d) prazis, (e) Oleksandr Lutsenko; **212** Viktor Pazemin; **214** Kateryna Sheviakova; **216** (a) grazvydas, (b) kzenon, (c) dennizn, (d) tktktk, (e) Hakon Jarle Sveen; **218** (a) dennizn, (b) Kateryna Sheviakova, (c) thvideo, (d) Hakon Jarle Sveen, (e) eagle2308, (f) Viktor Pazemin, (g) altitudevisual, (h) abscent, (i) prazis, (j) abscent, (k) grazvydas, (l) Viktor Pazemin, (m) tktktk, (n) kzenon, (o) Oleksandr Lutsenko; **220** (a) Irina Schmidt, (b) Liudmyla Lysenko, (c) Nino Alberto, (d) gjerome69, (e) Yevhen Roshchyn; **222** (a) Daniela Simona Temneanu, (b) lacheev, (c) Roman Samborskyi, (d) Roman Samborskyi, (e) Roman Samborskyi; **224** jafara; **226** (a) earthscapeimagegraphy, (b) Evgenii Krasnikov, (c) fahroni, (d) Jaromir Chalabala, (e) pakhnyushchyy; **228** Vladislav Zolotov; **230** (a) Jaromir Chalabala, (b) Liudmyla Lysenko, (c) lacheev, (d) Roman Samborskyi, (e) Roman Samborskyi, (f) pakhnyushchyy, (g) gjerome69, (h) Yevhen Roshchyn, (i) Roman Samborskyi, (j) Daniela Simona Temneanu, (k) Nino Alberto, (l) Evgenii Krasnikov, (m) fahroni, (n) earthscapeimagegraphy, (o) Irina Schmidt; **232** (a) sai0112, (b) Ian Allenden, (c) Oleg Doroshenko, (d) sai0112, (e) facesportrait; **234** Juthamat Yamuangmorn; **236** (a) mattlphotography, (b) Kateryna Onyshchuk, (c) chajamp, (d) khosrork, (e) teerapat pattanasoponpong; **238** (a) Phongthorn Hiranlikhit, (b) Roman Samborskyi, (c) ascom73, (d) ascom73, (e) ra2studio; **240** Ismagilov; **242** (a) ascom73, (b) khosrork, (c) sai0112, (d) Ian Allenden, (e) chajamp, (f) ascom73, (g) Oleg Doroshenko, (h) sai0112, (i) ra2studio, (j) facesportrait, (k) Roman Samborskyi, (l) teerapat pattanasoponpong, (m) mattlphotography, (n) Kateryna Onyshchuk, (o) Phongthorn Hiranlikhit

PONS

Spanisch von 0 auf 500

Bearbeitet von: Almudena García Hernández, Torsten Lasse, Dr. Christiane Wirth

1. Auflage 2024 (1,04 - 2026)

www.pons.com/kontakt

Projektleitung: Helen Schmidt
Innenlayout: zweiband.media, Berlin
Coverbild: Adobe Stock/alaver
Logoentwurf: Erwin Poell, Heidelberg
Logoüberarbeitung: Sabine Redlin, Ludwigsburg
Druck: Publikum d.o.o.

ISBN 978-3-12-516403-1